「碳中和行动指南」系列

能源碳中和行动

数智技术驱动
新一轮能源革命

徐 真 杨爱喜
胡宇晨 著

化学工业出版社
·北京·

内 容 简 介

当前,全球能源供需版图正面临新一轮深刻变革,清洁化、低碳化、智能化成为世界能源变革转型的重要战略方向。加快5G、AI、大数据、区块链、云计算等新兴技术与能源行业的深度融合,构建清洁低碳、安全高效的智慧能源体系,是推动我国能源革命的重要驱动力,也是我国实现"2030碳达峰·2060碳中和"愿景目标的必然选择。

本书立足于世界能源绿色低碳转型的国际背景,结合我国提出的"2030碳达峰·2060碳中和"战略目标,全面阐述我国能源产业数字化转型的行动路径,分别从"'双碳'目标""新能源革命""智慧能源""数智化实践"四个维度,深度剖析"双碳"愿景下的能源技术体系与节能减排实现路径,系统梳理了以氢能源为代表的清洁能源技术的应用与发展前景,并深入探讨了5G、AI、区块链、工业互联网等数字化技术在能源行业的典型应用场景,引领我国油气、石化、煤矿、电力、储能等领域的数智化实践,试图勾勒出我国未来社会经济发展的零碳新图景。

图书在版编目(CIP)数据

能源碳中和行动:数智技术驱动新一轮能源革命/徐真,杨爱喜,胡宇晨著 .—北京:化学工业出版社,2023.6
(碳中和行动指南)
ISBN 978-7-122-43228-5

Ⅰ.①能… Ⅱ.①徐…②杨…③胡… Ⅲ.①能源发展-产业发展-研究-中国 Ⅳ.① F426.2

中国国家版本馆 CIP 数据核字(2023)第 057709 号

责任编辑:夏明慧　　　　　　　　装帧设计:卓义云天
责任校对:宋　夏

出版发行:化学工业出版社(北京市东城区青年湖南街 13 号 邮政编码 100011)
印　　装:大厂聚鑫印刷有限责任公司
710mm×1000mm　1/16　印张 13½　字数 185 千字　2023 年 7 月北京第 1 版第 1 次印刷

购书咨询:010-64518888　　　　售后服务:010-64518899
网　　址:http://www.cip.com.cn
凡购买本书,如有缺损质量问题,本社销售中心负责调换。

定　　价:69.00 元　　　　　　　　　　　　　　版权所有　违者必究

前 言

自工业革命以来,人类活动对生态环境的影响与日俱增,尤其是煤炭、石油等化石能源的广泛应用,使得二氧化碳(CO_2)排放量远远超出地球生态系统的自净能力,大气中的二氧化碳含量不断增加,地球升温,温室效应加剧。科学家预测,地球温度每升高 1 摄氏度(℃),海平面就会升高 2.3 米。根据世界气象组织发布的数据,目前,地球温度已经比工业化之前高出了 1℃。根据中国气象局发布的数据,从 1908 年到 2007 年,我国地表温度升高了 1.1℃;近 30 年,沿海海水表面温度升高了 0.9℃,海平面上升了 90 毫米。

全球升温除引起海平面上升导致人类的生存空间、活动范围不断缩小之外,也导致灾害性气候频发。例如 2019 年底至 2020 年初,澳大利亚持续 7 个月之久的山火烧毁土地 600 万公顷;2020 年 12 月美国东北部遭受罕见暴风雪袭击,受灾人数达到 6000 万;2021 年夏天,加拿大和美国遭遇历史性高温天气,加拿大西部地区温度达到 49.6℃,创下 84 年来最高温纪录;2021 年夏秋,欧洲遭遇极端强降水,德国、比利时、荷兰、奥地利等西欧国家遭遇暴雨和洪灾;2022 年 4 月南非东部地区遭遇南非近 60 年来最严重的强降雨天气之一,强降雨引发的特大洪灾导致 341 人死亡,55 人受伤……

这样的气候灾难并不是近几年才出现的，只不过随着人类活动对地球环境的影响愈发强烈，这类气候灾难的发生频率越来越高。为了应对气候问题，世界各国多次组织召开气候会议，先后形成了很多文件，包括1997年12月通过的《京都议定书》，2015年在巴黎气候变化大会上达成的《巴黎协定》，2021年在第26届联合国气候变化大会上达成的《格拉斯哥气候协议》等。

这些会议和文件讨论的核心议题就是如何减少碳排放，控制地球升温。其中《巴黎协定》确定了"将21世纪全球平均气温上升幅度控制在工业化前水平以上2℃之内，并努力将气温升幅控制在工业化前水平以上1.5℃之内"的目标。有专业机构测算，要将地球温升幅度控制在1.5℃内，到2030年，全球人为的二氧化碳排放量必须比2010年减少45%，在2050年左右达到净零排放。

于是，将地球温升幅度控制在1.5℃以内，到2050年实现碳中和，成为世界各国的共同愿景。截止到目前，全球已经有120多个国家或地区做出了到2050年实现碳中和的承诺，包括美国、日本、韩国、挪威、瑞典、澳大利亚、加拿大、意大利等。为了响应国际社会的号召，2020年9月，习近平主席在第75届联合国大会上提出："中国将提高国家自主贡献力度，采取更加有力的政策和措施，二氧化碳排放力争于2030年前达到峰值，努力争取2060年前实现碳中和。"明确了我国未来四十年的碳减排路线，体现了我国的大国担当。

作为世界上最大的能源消费国与二氧化碳排放国，我国实现"双碳"目标的压力巨大：我国正处在工业化发展的后期，碳排放量依然处在高速增长阶段，经济增长很难在短期内与碳排放完全脱钩，而且"3060"的目标意味着我国要用三十年的时间完成发达国家六七十年甚至上百年才能完成的任务，挑战难度可想而知。在此背景下，我国必须大力推动可再生新能源技术创新，政府引导市场主导推广应用光能、风能、水能、氢能等新能源，逐渐引导并改变能源消费结构，积极融合大数据和人工智能等跨学科技术，以革新能源利用方式发展智慧能源。

目前，关于智慧能源还没有形成统一的定义，本书认为智慧能源是互联网、大数据、云计算、物联网等新技术在能源生产、传输、存储、消费等环节的深度应用，进而催生的一种全新的能源产业发展形态，可以实现能源分布式监控与集中管理，提高能源自动化管理水平与利用效率，降低能耗。智慧能源还倡导革新能源体系，大力推广风能、水能、地热能、太阳能、生物质能、氢能等新能源，利用数字技术推动能源结构转型，基于5G技术打造智慧能源新生态，助力能源企业生产、管理、营销等环节实现自动化、数字化转型，基于区块链技术创建能源交易市场，完善能源交易方式。具体来看，智慧能源的应用场景有很多，包括智慧油田、智慧石化、智慧煤矿、智慧电力、智慧储能等。总而言之，智慧能源建设是一个比较复杂的问题，不只局限于能源行业，还涉及生产端与消费端的方方面面。

本书内容丰富、语言通俗易懂，将当前最新的政策与企业实践相结合，有助于读者对绿色智慧能源形成全面且深入的理解。本书既可以供电力、煤炭、石油等能源企业的管理者与员工阅读，还可以作为高校能源与动力工程、资源与环境等专业的阅读材料供学生阅读，亦可作为普及绿色智慧能源的参考书供大众读者翻阅。

著者

目 录

第一篇 "双碳"目标：国家战略行动路线图

第1章 碳达峰·碳中和：开启未来低碳社会 / 2

低碳经济：气候变化与绿色未来 / 2

"双碳"目标的关键技术体系 / 5

开启中国经济增长新引擎 / 10

我国碳中和战略的行动路径 / 13

第2章 零碳图景：重塑中国产业经济新格局 / 17

零碳电力：构建新型电力系统 / 17

低碳工业：节能提效的转型路径 / 20

绿色交通：新能源汽车时代的来临 / 22

节能建筑：实现建筑电气化脱碳 / 25

智慧农业：科技构筑农业数字新基建 / 27

第3章 CCUS技术：实现碳中和的重要路径 / 31

全球CCUS技术和应用现状 / 31

碳捕集：CO_2捕获与分离技术 / 35

碳利用：CO_2 资源化利用技术 / 38

碳封存：CO_2 的地质储存技术 / 41

第 4 章　转型之战：引领全球新一轮能源革命 / 44

一场席卷全球的能源革命 / 44

我国能源转型的挑战与机遇 / 47

我国能源战略转型的原则与要求 / 50

我国如何引领全球新一轮能源革命？ / 53

第二篇　新能源革命：面向 21 世纪的终极能源

第 5 章　新能源：全球主流的绿色能源技术 / 62

风能：人类理想的清洁能源 / 62

核能：保障核能安全利用 / 65

海洋能：未来的"蓝色"能源 / 67

生物质能：唯一可再生的碳源 / 70

地热能：来自地球深处的新能源 / 73

太阳能：光伏发电技术原理与应用 / 76

第 6 章　氢能源：第三次能源革命的临界点 / 79

氢能革命：重构全球能源格局 / 79

制氢：技术路线与工作原理 / 84

储氢：技术特点与优劣比较 / 86

运氢：氢气输运的三种方式 / 88

加氢站：国内外加氢站的建设路径 / 90

第 7 章　氢燃料电池：引领新能源汽车的未来 / 93

氢燃料电池的技术原理与分类 / 93

氢燃料电池的关键零部件 / 96

氢燃料电池的主要应用领域 / 100

全球氢燃料电池汽车的商业化之路 / 102

第三篇 智慧能源：驱动能源数字化转型

第 8 章 智慧能源：构建绿色低碳能源体系 / 108

数字技术驱动能源结构转型 / 108

基于"三流合一"的智慧能源体系 / 111

智慧能源产业链与未来趋势 / 114

能源企业的数字化转型之路 / 117

第 9 章 智能场景：重塑能源企业管理流程 / 123

智慧能源的三大关键技术 / 123

智慧生产：生产过程自动化 / 127

智慧管理：协同管理数字化 / 131

智慧营销：客户服务精准化 / 133

第 10 章 5G 能源互联网：驱动智慧能源新生态 / 136

全球能源互联网的战略价值 / 136

5G 时代的智慧能源新生态 / 141

5G 技术与能源互联网的深度融合 / 143

5G 网络切片在能源领域中的应用 / 145

5G 下能源行业的发展建议 / 148

第 11 章 能源区块链：应用场景与典型案例 / 152

"区块链 + 能源"的应用优势 / 152

区块链能源的点对点交易 / 154

分布式能源系统的构建 / 156

电动汽车的区块链能源 / 158

基于区块链的批发能源交易市场 / 159

第四篇　数智化实践：未来能源的"智慧图景"

第 12 章　智慧油田：油田企业的智能化转型 / 162

智慧油田的内涵与特征 / 162

智能化油田勘探与开发 / 165

5G 在智慧油田领域的应用 / 172

基于物联网的油田设备管理 / 175

第 13 章　智慧石化：5G 开启全智能炼化模式 / 179

5G 工业互联网赋能"智慧石化" / 179

"5G+ 智慧石化"的建设路径 / 181

从数字炼化走向智慧炼化 / 184

智慧炼化关键信息系统与应用 / 186

海南炼化乙烯项目的智能化实践 / 192

第 14 章　智慧储能：智能电网建设的关键技术 / 197

储能：智能电网关键技术 / 197

机械储能的工作原理与特点 / 199

电化学储能的工作原理与特点 / 201

新型智能电力系统的几个重要变化 / 203

结束语 / 205

第一篇 "双碳"目标:国家战略行动路线图

第 1 章
碳达峰·碳中和：开启未来低碳社会

低碳经济：气候变化与绿色未来

自工业革命以来，全球形成了以化石能源为主的能源生产与消费结构。化石能源的大规模消耗导致大气中温室气体的含量大幅增加，温室效应逐渐加剧，导致海平面上升，暴雨、干旱、热浪等灾害性气候现象频发，生物灭绝速度越来越快，给人类的生存造成了极大的威胁。

为了应对气候变化，联合国多次召开气候峰会，要求控制二氧化碳排放，延缓升温速度，"碳中和"就是在历次气候大会制定的阶段性目标的基础上形成的 21 世纪中叶的碳减排目标。作为一个负责任的大国，我国提出"二氧化碳排放力争于 2030 年前达到峰值，努力争取 2060 年前实现碳中和"的目标。在该目标的指导下，我国能源产业、科技产业乃至整个经济体系都将实现绿色转型，迈向低碳发展的新阶段。

1. "碳达峰、碳中和"提出的国际背景

气候变化是影响人类社会能否实现可持续发展的重大问题。联合国政府间气候变化专门委员会（Intergovernmental Panel on Climate Change, IPCC）发布报告称，自 20 世纪 50 年代以来，人类观测到很多新增的气候变化，这些变化在过去几十年乃至上千年都未曾出现过。因此，IPCC认为人类行为对气候变化造成了显著影响，而且这种影响正在不断增强。如果人类不控制这些行为，势必会对地球的生态系统造成严重的、无法逆转的伤害。

作为世界气象组织与联合国环境规划署联合成立的联合国下属机构，IPCC的主要任务就是对与气候变化有关的科学技术与社会经济事务进行研究与评估。IPCC自成立以来每5～7年就会编写一套全球气候评估报告，为《联合国气候变化框架公约》《京都议定书》《巴黎协定》等文件的制定提供了重要指导。

《联合国气候变化框架公约》《京都议定书》《巴黎协定》是世界各国在联合国框架内围绕气候问题进行谈判形成的一系列条约与协定，是世界各国相互合作共同应对气候问题的重要法律基础。2015年12月12日巴黎气候变化大会通过的《巴黎协定》是最新的一份文件，提出"将21世纪全球平均气温升幅控制在工业化前水平以上2℃之内，并努力将气温升幅控制在工业化前水平以上1.5℃之内"的目标。

想要实现这一目标，就要尽早将大气中温室气体的含量稳定在一定水平，尽量避免人为因素对气候系统的干扰。这类行动开始得越早，成本越低，效果越好；开始得越晚，成本越高，所面临的风险也越高。基于这一认知，在《巴黎协定》生效后，各缔约国相继制定了碳中和行动目标，大多数国家宣布或承诺到21世纪中叶实现二氧化碳的净零排放。世界主要国家或地区的碳中和目标如表1-1所示。

表1-1 世界主要国家的碳中和目标[①]

国家	实现年份	状态	备注
中国	2060年	政策立场	力争在2030年实现碳达峰，2060年实现碳中和
澳大利亚	2050～2100年	对《巴黎协定》的承诺	

续表

国家	实现年份	状态	备注
加拿大	2050 年	政策立场	2020 年 11 月提交相关法律草案
德国	2050 年	立法	2019 年 12 月,德国第一部主要气候法生效,详细列出了未来 10 年各行业的年度排放预算
阿根廷	2050 年	提交 UNFCCC	2020 年 12 月提交联合国
日本	2050 年	意向声明	2020 年 10 月时任首相宣布将于 2050 年之前实现碳中和
韩国	2050 年	政策立场	2020 年 9 月文在寅总统公开承诺将在 2050 年之前实现碳中和
英国	2050 年	立法	2019 年 6 月立法
美国	2050 年	政策立场	2021 年 1 月《关于应对国内外气候危机的行政命令》提出:不迟于 2050 年实现全经济范围内的净零排放
法国	2050 年	立法	2019 年 6 月 27 日议员投票将净零排放目标纳入法律
丹麦	2050 年	立法	2030 年起禁售汽油、柴油汽车
挪威	2030 年(补偿) 2050 年(实际)	政策立场	议会同意国内实现 2050 年目标,通过国际碳补偿实现 2030 年目标
新西兰	2050 年	立法	2019 年 11 月立法设定除生物甲烷外的所有温室气体的净零排放目标,到 2050 年,生物甲烷排放在 2017 年的基础上减少 24%～47%

① 各国家的碳中和目标或时有变动,以最新发布的文件为准。

2. "碳达峰、碳中和"相关概念与常识

(1) 温室气体

温室气体指的是大气中能够吸收地面反射的太阳辐射,并重新发射辐射的一些气体,包括二氧化碳(CO_2)、甲烷(CH_4)、氧化亚氮(N_2O)、氢氟碳化物(HFCs)、全氟化碳(PFCs)和六氟化硫(SF_6)等。温室气体会让地球表面变得更暖,这种作用就称为"温室效应"。

不同温室气体对地球温室效应的贡献不同。因为二氧化碳对温室效应的贡献最大，为了对各类温室气体所造成的温室效应进行统一度量，所以将二氧化碳当量确定为度量温室效应的基本单位。

（2）碳达峰

如果将二氧化碳排放看作一个抛物线，二氧化碳排放总量在某个时期达到最高值之后就会下降，二氧化碳排放量达到最高值的过程就是碳达峰（carbon peaking）。各国制定的碳达峰目标就是明确二氧化碳排放量达到峰值的年份，形成碳排放量从增长到下降的拐点。只有实现碳达峰才有望实现碳中和，并且碳达峰的实现时间与峰值对碳中和目标实现的难易度有着直接影响。根据现有的研究结果，各国实现碳达峰的主要路径是控制化石能源以及化石能源产生的电能和终端能源的消费，推广使用清洁能源。

（3）碳中和

碳中和（carbon neutrality）指的是人类活动排放的二氧化碳与人类活动产生的二氧化碳吸收量达到平衡，实现二氧化碳的净零排放。其中会产生碳排放的人类活动包括使用化石燃料、农业生产、工业生产等，可以吸收二氧化碳的人类活动包括植树造林、利用碳汇技术进行碳捕集等。

其实，碳中和可以从广义与狭义两个层面来理解，其中狭义的碳中和指的是二氧化碳的排放量与吸收量达到平衡，广义的碳中和指的是所有温室气体的排放量与吸收量达到平衡。各国制定的碳中和目标就是明确二氧化碳排放量与吸收量达到平衡的具体年份。

"双碳"目标的关键技术体系

在全球气候治理的背景下，我国提出"碳达峰""碳中和"目标不仅是积极承担大国责任的体现，也是推动生态文明建设的重要举措。我国是碳排放大国，碳排放呈现出总量大、强度高的特点，而且这种情况将持续很长时间。因为我国的经济发展与碳排放并未完全脱钩，而且我国在未来很长一段时间都将处在工业化和城市化后期，经济仍将保持高速发展，碳排放规模与强度很难在短时间内下降。

按照国家规划，我国要在2030年实现碳达峰，2060年实现碳中和，中间只有30年的时间。相较于欧美国家来说，我国实现碳中和的时间更短，碳减排的任务更加艰巨，需要付出更多努力。但在实现碳中和的过程中，我国现代化建设面临的能源安全、经济安全以及生态安全等一系列重大战略问题也将找到合适的解决方案。

作为煤炭储量大国，为了实现碳中和，我国一方面需要探索高效清洁的煤炭使用技术，另一方面也需要通过科技手段逐渐降低对化石能源的依赖。这一过程中需要创建新的能源体系与工业体系，推广使用新能源，在保证能源安全与生态安全的前提下，推动产业经济迈入新的发展阶段。

具体来看，我国实现"双碳"目标的技术体系主要包括三大内容，一是零碳电力系统，二是低碳/零碳终端用能技术，三是负排放技术，如图1-1所示。

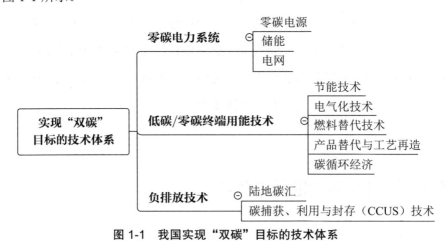

图1-1 我国实现"双碳"目标的技术体系

1. 零碳电力系统

碳中和的实现首先需要能源系统尽快实现零碳化，而能源系统零碳化的核心之一是电力系统的零碳化。因为零碳电力系统是工业、交通、建筑等行业实现碳中和的重要基础，这些行业要在全面电气化的基础上普遍使用零碳电力，通过能源系统的零碳化实现能源利用方式的零碳化。

具体来看，零碳电力系统主要由零碳电源、储能和电网三部分构成。在碳中和背景下，电力系统的生产端、使用端和分配端都需要进行零碳改造，生产端要积极引入光伏、风能、水力等可再生能源，使用端要积极发展规模化储能技术，分配端要形成智能电网。同时，新能源汽车、物联网、人工智能等战略性新兴产业也将为能源系统的安全稳定运行提供强有力的支持。

光伏、风能、水力等新能源比较分散，引入这些能源之后，电力系统的能源结构、电网系统以及储能系统都将发生根本性变革。在储能系统领域，氢储能、氨储能、电化学储能三种储能方式最具发展前景，每种储能方式都有独有的储能时间、储能效率以及储能规模。如果是短期低容量输电，可以优先选择电池储能系统；如果是长期大规模储能，可以优先选择储氢或者储氨。

电网的能源利用效率深受电网的调度模式与调度能力的影响。为了提高能源利用效率，电力系统需要提高电网调度、电网控制以及能源服务的智慧化水平。同时，电网系统要摒弃传统的可靠、稳定的集中性网络，向智慧、灵活的分布式网络发展。

2. 低碳/零碳终端用能技术

碳中和的实现不仅需要能源系统实现零碳化，也需要终端环节节能减排，实现低碳/零碳运行。低碳/零碳的终端用能技术包括五种类型，分别是节能技术、电气化技术、燃料替代技术、产品替代与工艺再造和碳循环经济，具体分析如下。

（1）节能技术

节能技术的应用范围非常广，几乎涵盖了所有终端用能部门，可以提高能源利用效率、调整能源利用结构，在保证人们生活水平的基础上改变人们的生活方式，促使用能终端实现脱碳。例如，建筑行业可以使用高效供冷、热、电三联供技术和低碳设计等方式实现节能减排；交通行业可以使用自动驾驶优化驾驶习惯减少能耗、通过对运输结构进行优化调整实现节能减排；工业生产领域可以使用的节能技术比较多，节能减排以及能源利用效率的提升主要通过提高设备运行效率、优化换热流程、循环利用和工业副产品再利用以及数字化转型来实现。

（2）电气化技术

在实现碳中和的各项技术中，电气化是一项关键技术，这项技术可以配合低碳或零碳能源供应促使能源系统实现碳中和。据估算，随着清洁电力取代传统火电，绿色氢能实现广泛应用，交通运输系统以及各个工业流程实现电气化，人类活动产生的温室气体将有 50% 可实现脱碳。

（3）燃料替代技术

在实现碳中和的过程中，新型燃料必将替代传统的化石燃料实现终端用能零碳化。例如，氢能可以替代传统的化石燃料和天然气，帮助多个场景各个行业实现碳减排；生物质能的碳排放几乎为零，可以在农村供暖、交通运输、工业领域实现广泛应用。

（4）产品替代与工艺再造

产品替代与工艺再造主要适用于工业部门的零碳化。产品替代主要用于建筑材料领域，用新型零碳材料代替钢铁、混凝土等材料，减少碳排放。另外，新技术、新装备以及新型节能工艺等工艺流程再造技术在工业生产领域的应用可以提高能源与资源的利用效率，促使工业生产环节实现碳减排。

（5）碳循环经济

碳循环经济可以打造一种全新的以再生与恢复为特征的经济模式，可以降低经济增长对资源的依赖，增强经济系统的韧性，为经济系统的可持续发展奠定坚实的基础。碳循环经济可以帮助工业行业实现碳减排，具体策略包括在产品设计阶段避免浪费，提高产品及部件的复用率，对各类材料进行循环利用等。碳循环经济不仅可以减少碳排放，而且表现出很好的成本效益。例如，建筑施工过程中对施工材料进行循环利用，减少固体废弃物，不仅可以实现节能减排，还能降低施工成本，获得一定的经济效益。

3. 负排放技术

负排放技术又称为碳移除技术（Carbon Dioxide Removal，CDR），是碳减排的一项关键技术，涵盖了所有能够产生负碳效应的技术路径，主要包括两大类技术，一类是陆地碳汇技术，另一类是碳捕获、利用与封存（Carbon Capture，Utilization and Storage，CCUS）技术。

（1）陆地碳汇技术

碳汇指的是通过植树造林、恢复植被等措施增加森林植被的覆盖率，利用植物的光合作用将二氧化碳固定在植被与土壤中，减少大气中二氧化碳浓度的机制。碳汇可以分为陆地碳汇与海洋碳汇两大类，其中陆地碳汇又可以细分为林地碳汇、草原碳汇、农田碳汇、湿地碳汇四种类型，如表1-2所示。

表1-2 陆地碳汇的四种类型

类型	具体内涵
林地碳汇	指的是通过增加森林面积、对森林进行改造来提高二氧化碳固定量，具体措施包括封山育林、林分改造、森林抚育、森林可持续经营等
草原碳汇	指的是通过建立草原生态补偿机制、退牧还草等措施保护草原，防止过度开垦放牧的情况发生，提高草地的固碳能力

续表

类型	具体内涵
农田碳汇	指的是通过增加农田土壤中的有机质含量、改善土壤质量、提高农田的生产率来提高土壤吸收二氧化碳的能力以及农田的碳汇能力
湿地碳汇	指的是通过保护湿地、恢复湿地生态、扩大湿地范围、增加湿地面积来增强湿地的固碳能力

（2）CCUS 技术

经过长期研究，业界将 CCUS 技术视为促使化石能源实现清洁利用的唯一方案。CCUS 技术可以对化石燃料燃烧产生的二氧化碳进行封存与处理，防止二氧化碳进入大气层，从而实现零碳排放。为了实现碳中和，化石能源的用量及规模将大幅下降，但其在能源体系中的比重将维持在一定水平，以保证电力系统运行的稳定性，支持一些无法离开化石能源的行业继续运行。而化石能源的利用必然会产生二氧化碳，在这种情况下，CCUS 技术就成为实现二氧化碳净零排放的关键技术。除此之外，CCUS 技术的应用还能促使化石能源实现大规模低碳利用，保障能源安全，为碳中和的实现提供一条有效的技术路径。

开启中国经济增长新引擎

在碳中和背景下，我国传统的经济体系、产业体系将被彻底打破，新的可持续发展的高质量经济体系、产业体系将应运而生。目前，我国在新能源、零碳工业以及电动汽车领域已经积累了很多核心技术，拥有了一定的市场基础，形成了领先优势。如果我国能抓住机会在这些领域强势崛起，就能改变在传统产业中的落后地位，在未来的全球主导产业中占据优势地位，最终实现"弯道超车"

从整体来看，在碳中和背景下，全球产业格局将发生深刻变革，产业链划分将变得越来越细，各细分领域将衍生出很多新兴产业，形成新的行业标准，催生很多新的发展机会，塑造新的产业格局。在此形势下，传统能源产业与重工业产业都将实现转型发展，绿色低碳产业将成为新的经济增长点。

1. 碳中和目标将重构全球能源资源与产业格局

一方面，在碳中和背景下，能源的产品属性将超越经济属性成为第一特性。以化石能源为例，我国的化石能源严重依赖进口，存在较大的安全风险。在实现碳中和的过程中，我国将利用能够自主生产的清洁能源替代化石能源，降低对传统能源、进口能源的依赖，在保证能源安全的同时推动新能源产业发展。

另一方面，随着各行各业实现电子化与数字化转型，能源的供应端与消费端将连接在一起，改变能源的消费—供应模式。能源行业的脱碳转型取决于两大要素，一是终端部门电气化，二是电力部门脱碳。在能源互联网的作用下，电力系统的这些核心要素将逐渐整合，形成一个运行效率更高、更有韧性的能源体系，促使能源消费—供应模式发生巨大变革，催生更多产业增长点。

2. 碳中和目标将重新定义区域经济版图

不同的行业、地区实现碳中和的难易程度不同，要实行的战略与策略也不同。我国幅员辽阔，各地区要根据自身的资源禀赋制定碳中和策略，规划自己的发展战略。从地域上看，我国中西部地区在实现碳中和方面有两大优势，一是拥有丰富的清洁能源，二是拥有巨大的碳封存潜力。在此基础上，我国中西部地区的经济有望实现大跨步发展。

3. 碳中和目标将变革技术和产业创新体系

我国企业在实现碳中和的过程中面临着很多挑战，应对这些挑战的秘密武器就是先进的技术。为此，我国要大力发展碳中和技术，加大对碳中和核心技术的研发力度，创建碳中和科技创新体系，充分发挥碳中和技术对"双碳"目标的支撑作用。在碳中和背景下，越来越多的行业企业开始致力于对碳中和技术的研发与创新，促使低碳技术、零碳技术以及负碳技术成为驱动未来经济社会发展的重要力量。

4. 碳中和目标将推动气候投融资浪潮

除了做好相关技术的研发外，碳中和目标的实现还要投入大量资金。根据清华大学气候变化研究院 2020 年发布的研究报告，我国想要在 2060 年实现碳中和目标，就要在 2020～2050 年这三十年间在碳中和领域投入 138 万亿元。根据高盛预测，我国要在 2060 年实现碳中和可能需要投入 16 万亿美元。如此大规模的资金投入不仅需要政府的引导，还需要各行业、机构与企业的支持与配合。

5. 碳中和目标将引领生态环境的根本改善

我国想要实现"双碳"目标，必须改变现有的经济结构与能源结构，从源头做好污染物治理，降低碳排放，推动经济实现高质量发展。而生态环境源头治理的关键就是降低碳排放。我国将碳中和目标纳入生态文明建设框架，可以在改善生态环境质量的同时有效应对气候变化。

一方面，在实现碳中和目标的过程中，政府与企业所采取的各种措施可以有效减少碳排放，改善空气质量，治理大气污染。温室气体是大气污染物的重要来源，碳减排的目标、措施和主体与大气污染物治理的目标、措施和主体有很大的相似性，可以实现协同治理。另一方面，在实现碳中和目标的过程中，相关措施还能有效治理水污染、土壤污染，提升生态系统的服务功能，保护生物多样性。

我国碳中和战略的行动路径

作为全球碳排放量最大的国家,我国碳中和目标的实现可以用"时间紧、任务重"六个字来形容。为了在预定时间内实现碳中和,我国制定了"尽早达峰、稳中有降、快速降低、趋稳中和"的行动方案。在这个过程中,政府、企业和个人必须承担自己的责任,其中政府要有针对性地出台一些政策法规,形成系统有效的激励机制,将资本与人才凝聚在一起共同致力于碳中和技术的创新,对碳中和技术进行市场化推广与应用。

我国实现碳中和战略的行动路径可以分为三条,分别是排放路径、技术路径和社会路径,具体分析如下。

1. 排放路径

排放路径是从时间维度对碳中和目标的规划。根据现有的研究,我国碳中和目标的实现可以划分为三个阶段,即2020~2030年是达峰期,2031~2045年是加速减排期,2046~2060年是深度减排期,各阶段的具体任务如表1-3所示。

表1-3 碳中和目标实现的三个阶段

阶段	时间	具体任务
达峰期	2020~2030年	在这个阶段,政府要从整体上控制煤炭消费规模,大力发展清洁能源,推广电动汽车,减少传统燃油汽车在汽车市场上的占比,引导并培养消费者的低碳生活方式与消费行为
加速减排期	2031~2045年	在这个阶段,我国要以低碳能源系统为依托,不断降低碳排放,进入碳减排的加速期。为了顺利实现这一目标,我国要推动交通系统全面实现电气化,降低农业的碳排放,甚至实现零碳排放,对负排放技术进行推广应用

续表

阶段	时间	具体任务
深度减排期	2046～2060年	在碳中和目标实现之前的10～15年，我国的首要任务是实现深度脱碳，利用负排放技术，结合碳汇的应用，打造一个灵活的能源系统，在保证经济稳定发展的同时持续推进碳减排，最终实现碳中和

排放路径的有序实现需要技术路径与社会路径共同提供强有力的保障。

2. 技术路径

按照能否在2060年实现二氧化碳的净零排放，碳中和的技术路径可以分为两种：一种是2060年可以实现二氧化碳的净零排放，在此背景下，我国需要切实提高能源利用效率，推广应用零碳能源技术，大幅减少碳排放，按照计划在2060年实现碳中和；另一种是受关键技术没有取得重大突破，或者因为成本原因关键技术无法实现大规模应用等因素的影响，2060年无法实现二氧化碳的净零排放，在这种情况下，我国需要推广应用负排放技术，在深度脱碳期实现碳中和目标。

其中，高能效循环利用技术的减排成本比较低，减排效果显著，可以为企业带来显著的减排收益。能效提高技术可以细分为生产侧与消费侧两条路径，其中生产侧的路径包括在生产侧使用工业领域通用的节能设备，对能源进行梯次利用，开展循环经济；消费侧的路径包括使用节能家电，做好垃圾分类，低碳出行等。据研究，目前我国社会各领域的能源利用效率普遍较低，提升空间非常大，例如交通部门的能源利用效率可以提高50%，工业部门的能源利用效率可以提高10%～20%。

在实现碳中和的过程中，能源系统的快速零碳化是一项必要条件，需要以全面电气化为基础，在各个领域推广使用零碳能源技术与工艺流程，逐渐放弃使用会产生大量二氧化碳的化石能源，代之以零碳排放的清洁能源,推动能源利用方式实现零碳化。这里所说的清洁能源有很多类型,包括可再生能源电力、核能、氢能、可持续生物能。

3. 社会路径

碳中和目标的实现离不开社会的支持。按照实施主体,碳中和目标实现的社会路径可以细分为政府、企业与个人三个层面。在实现碳中和的过程中,每类实施主体都应该主动承担自己的责任,具体分析如下。

(1)政府层面

在碳中和目标实现的过程中,政府扮演着主导者、监督者和政策制定者的角色,需要做好以下三点。

第一,将碳中和目标纳入国民经济和社会发展规划,围绕碳中和目标的实现制订中长期规划与周期性计划。

第二,政府要适时出台碳减排政策,明确行业标准,鼓励相关企业与机构研发碳减排技术,制定有效的激励措施,引导企业积极引入碳减排技术,采取碳减排措施,实现低碳或者零碳转型。

第三,政府要以节能减排为主题在全社会范围内做好宣传教育工作,增进社会公众对碳中和的认知,鼓励社会公众自主采取碳减排措施,积极履行碳减排责任。

(2)企业层面

作为实现碳中和目标的行动主体,企业应积极响应国家政策,自觉履行碳减排责任,将实现碳中和作为一项长期的战略任务,努力实现深度脱碳,向着低碳、零碳的方向转型发展。同时,企业需要在碳减排技术研发领域加大投入,全面推进科技创新,改进生产工艺,优化供应链管理,通过这些措施提高整体运营效率,向低碳生产、零碳生产的方向转型,塑造新的市场竞争力。

同时,因为企业可以在减排量、成本、收益、减排技术等方面获取一手信息，所以要积极为国家减排政策的制定建言献策，在国家制定减排政策期间积极参与讨论，提出建设性意见，保证减排政策的全面性与可行性。在这个过程中，企业也能对减排政策做出全面了解。

（3）个人层面

政府在全社会范围内开展的碳中和宣传活动，以及企业研发生产的低碳产品，都有助于在社会层面形成零碳消费氛围。在这种氛围下，消费者会形成新的低碳消费或者零碳消费理念。也就是说，企业能否实现零碳发展直接影响着个人能否实现零碳消费，同时，个人的消费行为与消费需求也会反作用于企业，引导企业积极参与到碳中和目标的实现中去，实现低碳发展、零碳发展。除此之外，碳减排相关政策的制定也需要公众参与，一方面需要公众检验策略，另一方面需要公众发挥监督作用，保证碳中和政策体系高效、实用。

第 2 章
零碳图景：重塑中国产业经济新格局

零碳电力：构建新型电力系统

根据我国 2030 年实现碳达峰，2035 年之前碳排放稳中有降，2060 年实现碳中和的发展规划，我国碳减排的过程可以划分为四个阶段，分别是达峰期、平台期、下降期以及中和期。在不同的发展阶段，我国要根据碳排放的特征以及碳减排的需求有针对性地部署碳减排技术，具体分析如下。

- 在达峰期，为了保证碳达峰的质量，要在减少二氧化碳排放的同时兼顾经济社会的可持续发展。在这个阶段，为了实现碳减排，相关企业与机构要全面推广应用节能减排技术，包括 CCUS 技术、生物质利用与 CCUS 技术结合（Bioenergy with Carbon Capture and Storage，BECCS），提高可再生能源在整个能源系统中的占比，释放能效技术的潜力，以减轻未来碳减排的压力，在预定时间内实现碳达峰。

- 在平台期与下降期，我国经济发展要与碳排放完全脱轨，实现碳排放显著下降，碳中和领域的核心技术取得重大突破，大部分技术实现推广应用，能源系统的碳排放趋近于零。在这个阶段，能效提升技术在碳减排方面的作用将逐渐减小，碳减排的有效路径转变为推广应用脱碳零碳技术、负排放技术以及脱碳燃料、原料和工艺。
- 进入中和期，我国全面建设社会主义现代化强国的目标基本实现，经济社会实现低碳发展或者脱碳发展，碳中和技术的发展处于领先地位，脱碳、零碳和负排放技术实现全面推广应用，为碳中和目标的实现提供强有力的支撑。

目前，在我国的碳排放结构中，电力、工业、建筑、交通、化工等领域的碳排放占比非常大，各行业需要根据自身的实际情况推广并应用碳中和技术，在减少碳排放的同时也要考虑其他温室气体的减排，最终实现零碳发展目标。下面首先对电力行业实现"双碳"目标的路径进行探究。

电力行业的碳减排是实现"双碳"目标的关键，对控制地球升温具有重要价值。在碳中和背景下，我国电力系统的结构需要不断调整，要摒弃当前以化石燃料为主的电力生产结构，转向以可再生能源为基础，以高度灵活的电力传输供应网络为支撑的现代化新型零碳电力系统。具体来看，电力行业碳中和的实现可以划分为三个阶段，如图2-1所示。

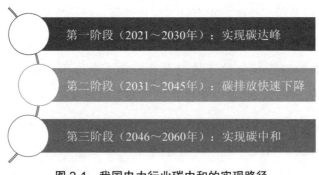

图2-1 我国电力行业碳中和的实现路径

1. 第一阶段（2021～2030年）：实现碳达峰

在生产侧，随着光伏发电、风电等新能源发电的成本不断下降，核电、水电稳步发展，煤电的发电量与使用量将达到顶峰，电力系统的碳排放也将达到顶峰。在这个阶段，电力企业要对火力发电进行改造，降低火力发电的成本，使其为电力系统提供稳定的支持；针对可再生能源电力系统创建统一的标准，减少因为规范不匹配导致的"弃风弃光"❶现象发生。

在供应侧，我国要全面推进特高压电网建设，增强电网的传输能力，鼓励相关企业与机构做好灵活性电网技术、储能技术与智能化需求侧响应管理系统的研究，提高可再生能源的并网能力。

2. 第二阶段（2031～2045 年）：碳排放快速下降

在生产侧，可再生能源的装机量与发电量不断增加，不仅可以补足新增电力需求，而且可以逐渐取代已有的化石能源产能存量；在供应侧，灵活性电网技术和智能化生产与用户需求双向管理技术已经发展得比较成熟，与可再生能源装机发展速度相匹配，催生了一系列新型商业运营模式。

在此阶段，电力需求侧储能技术实现了广泛应用，储能成本不断下降，可再生能源发电成本与储能成本之和低于标杆电价水平，这对可再生能源的发展与应用产生了积极的推动作用。到 2045 年，可再生能源的发电量在总发电量中的占比将超过 88%，可再生能源的装机量在总装机量中的占比将达到 94%。随着可再生能源的应用比例不断提高，电力行业的碳排放量将不断下降。

3. 第三阶段（2046～2060 年）：实现碳中和

在这个阶段，氢能生产技术不断发展，氢能生产成本大幅下降，氢能的应用范围将不断扩展，需求量将不断增加。与此同时，电解制氢需要的供电量也将大幅增长。

在生产侧，电力需求不断增加，可再生能源发电技术不断发展，逐渐完成对化石能源发电存量的替代；在供应侧，灵活性电网技术、智能化

---

❶ "弃风弃光"指的是受某种因素的影响被迫放弃风能、水能、光能，停止发电机组运行或者减少发电量。

电力生产与消费匹配技术逐渐成熟，在电力系统管理调度领域实现广泛应用，电力行业的碳中和目标顺利完成。

目前，电力行业已经有了比较清晰的碳减排路径，但核心技术仍处在研发阶段，这些技术的突破对于碳中和的实现意义非凡。因此，相关企业与机构仍需要致力于研发碳中和技术，降低技术应用成本。

电力系统的稳定运行对电网技术、储能技术、分布式可再生能源技术和需求侧响应技术有着较强依赖，但相较于发展得比较成熟的可再生能源发电技术来说，上述技术仍处在研发阶段，应用成本较高，而且没有比较成功的应用案例。电力企业想要构建零碳电力系统，必须稳定电力供应，于是上述技术就成为研究热点。

低碳工业：节能提效的转型路径

根据国际能源署发布的数据，全球工业产生的碳排放在碳排放总量中的占比达到了23%，仅次于电力部门。而我国工业产生的碳排放在碳排放量总量中的占比远超全球平均水平，达到了39%。因此，工业企业的碳减排是我国如期实现"双碳"目标的关键。

1. 优化产业结构和布局

（1）淘汰落后的工艺和产能

落后产能指的是一种粗放的生产方式，在生产过程中需要投入大量能源，而且能源的利用率比较低，会造成比较严重的污染，存在比较大的安全风险。在"碳中和"背景下，我国工业企业要按照国家政策逐步淘汰落后产能，积极引进先进技术，调整产业结构，提高工业产品的附加值，发展低碳价值链，减少能源资源的投入，按部就班地实现碳减排目标。

（2）构建绿色低碳产业链

目前，我国工业企业的低碳转型面临着很多问题，例如重工业在我国工业结构中的占比较大，企业在绿色技术、绿色产品等领域的投入不足，导致绿色技术创新能力不足，绿色产品供给不充分，而且各区域之间的绿色工业发展不平衡。进入"十四五"之后，我国工业企业应该围绕"双碳"目标，大力发展低碳循环经济，形成绿色发展方式，按照主题功能区对产业结构与规模进行规划，形成绿色产业链体系，在整个工业领域推进低碳行动。

2. 推动能源消费结构转型

（1）提高能源利用效率

目前，在碳排放结构中，能源领域的碳排放占比超过了55%，来源主要是化石能源燃烧。也就是说，在整个能源领域，传统能源产能结构性过剩问题仍比较严重。能源行业想要实现碳减排，必须在保证工业经济高质量发展的同时，对能源结构进行优化调整，提高清洁能源在能源结构中的占比。在这个过程中，对化石能源有着较强依赖的工业企业，一方面要积极引入先进技术提高化石能源的利用效率，另一方面要逐步使用清洁能源代替化石能源，逐步调整能源利用体系，优化能源利用结构。

（2）大力推广清洁能源

企业应主动对能源消费体系进行调整，优化用能结构，使用石油、天然气等清洁能源代替传统的化石能源，大力推广应用地热能、风能、空气能等新型绿色能源。同时，企业要积极响应国家政策，改造节能技术，推广应用分布式光伏，大力发展以智能电网为纽带，涵盖了清洁能源、新能源和可再生能源的多能能源体系，加大可再生能源与新能源的开发力度，形成以电力为主、以太阳能和天然气为辅的绿色低碳能源体系，全面提高能源利用水平。

（3）引进智慧能源管理平台

智慧化能源管理平台是一种全新的能源管理工具与模式，企业可以通过这个平台实时获取能源消耗数据，对数据进行综合分析与应用，借助物联网、云端运维和大数据等技术，辅之以能耗在线监测装置，了解企业内部的能效水平，判断节能潜力，对企业的能源消耗情况进行动态化、精细化管理，全面提高能源管理水平与效率，减少在能源领域的支出。另外，企业借助智慧化能源管理平台还可以对用能情况进行诊断，对各个车间的能源消费量、企业整体的能源消费结构进行优化，对碳排放量进行有效控制，提高能源管理的信息化水平。

3. 提高企业清洁生产水平

规模以上工业企业要积极开展清洁生产审核工作，淘汰落后的机械设备，积极改进生产工艺，按照排污许可要求控制主要污染物排放总量。同时，行业要加快对节能减排技术进行规模化推广与应用，围绕节能减排技术创建服务体系，鼓励有能力的企业自主研发清洁生产技术；面向碳减排重点企业编制技术改造指南，并制订重点项目计划，选择一些企业实施节能低碳综合改造工程，推动能源结构向低碳化、清洁化方向发展。此外，行业要加大奖励补贴力度，对积极采用清洁能源替代化石能源、改善能源结构、改造治污设施的企业进行奖励，鼓励企业积极治理污染物，减少碳减排。

绿色交通：新能源汽车时代的来临

随着我国经济快速发展，人均可支配收入不断增长，交通运输行业实现了高速发展，汽车保有量不断增加，导致交通行业的碳排放量快速增长，年均增长率超过了 7.5%，碳排放规模在生产服务行业位居第二，仅次于工业。交通行业的碳排放不仅量大，而且具有很强的锁定效应与路径依赖，碳减排成本非常高。再加上，交通行业涉及的主体比较多，对化石能源的依赖性比较强，用清洁能源代替化石能源的技术与方案都不太成熟，导致碳减排的难度非常高。

在"双碳"背景下，无论交通行业的碳减排多么困难，都必须尽快实现二氧化碳的净零排放。按照规划，交通行业必须在2030年之前尽快实现碳达峰，力争到2050年将碳排放规模相较于2015年减少80%。具体来看，交通行业的碳中和实现路径可以划分为以下三个阶段，如图2-2所示。

图2-2 我国交通行业的碳中和实现路径

1. 第一阶段（2020～2030年）：达峰期

在这个阶段，交通行业要实现碳达峰，并尽量降低峰值，为后期的碳减排留出一定的缓冲时间。为了实现这一目标，交通行业一方面要对传统能源的利用方式进行改造，提高能源利用效率，减少碳排放；另一方面要积极开发利用氢能等新能源。具体来看就是交通行业要尽快优化用油结构，促使用油量在2025年前后达到峰值。

同时，交通行业要积极引入电力、氢能、生物质能等清洁能源，力争到2030年让纯电动汽车、燃料电池等新能源汽车在新车市场上的占有率达到100%，并且大幅降低新能源汽车的购置成本与使用成本，提高新能源汽车的经济优势，将新能源汽车在汽车市场上的占比提高到40%，让汽车在生产、制造、使用、回收的整个生命周期都能实现碳中和。

2. 第二阶段（2031～2050年）：平台期和下降期

在这个阶段，交通行业的主要目标就是脱碳。交通行业要不断优化交通体系，提高用能效率，在低碳技术领域取得重大突破，不断创新用能模式，通过这些方式降低能耗，实现低碳化发展。

在公共交通领域，到2035年，新能源汽车在所有汽车中的占比要超过50%，氢燃料电池汽车的保有量有望突破100万，高能耗的传统燃油车将被禁止上路；在航空领域，随着储能技术不断发展，以电池和氢能为动力的飞机有望实现大规模商用，可以切实降低航空领域的碳排放。

3. 第三阶段（2051～2060年）：全面中和期

在这个阶段，我国交通运输行业传统的能源需求将被彻底颠覆，新的能源需求将应运而生。到2050年，电动汽车在乘用车市场上的占比将无限接近100%。在其他类型的车辆中，清洁能源将表现出明显的经济优势。在铁路交通领域，以氢能为燃料的电气化铁路的占比也有望达到100%；在航空领域，以氢能为动力的飞机的占比将超过50%。除了推广应用清洁能源之外，交通行业还将借助负排放技术实现碳中和。

总而言之，交通行业想要实现碳中和需要做好以下三点。

（1）全面推进交通运输电气化

交通行业想要实现碳中和，离不开电气化这一重要的技术手段。交通行业的电气化要覆盖公路、铁路、航空等各个领域，可以有效实现碳减排。

（2）利用清洁燃料代替传统的汽油、柴油

公路交通领域要大力推广纯电动汽车、混合动力汽车、燃料电池汽车，减少汽油、柴油的使用；铁路交通领域可以利用氢能、太阳能和生物燃料代替传统的动力源，实现深度脱碳；航空领域可以广泛使用可持续性生物燃油，尽量降低能源替代成本，在减少碳排放的同时保证经济效益。

（3）相关领域的配套支持

政府要出台相关政策加强引导，培养居民的低碳出行理念，鼓励居民购买新能源汽车，同时要大力发展公共交通，合理规划城市空间，缩短出行距离，解决交通拥堵问题，减少车辆在路上的行驶时间，以达到节能减排的目的。

节能建筑：实现建筑电气化脱碳

在我国的碳排放结构中，建筑行业产生的碳排放占到了一半以上。随着我国城镇化进程不断加快，建筑行业的规模持续扩大，城乡居民的用电、取暖、制冷、照明等需求不断增加，对我国建筑行业的碳减排、碳中和带来了巨大的挑战。概括而言，我国建筑行业碳中和的实现路径可以分为以下三个阶段，如图2-3所示。

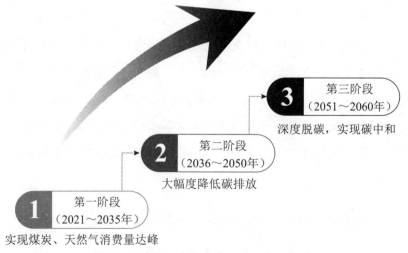

图2-3 我国建筑行业碳中和的实现路径

1. 第一阶段（2021～2035年）：实现煤炭、天然气消费量达峰

在该阶段，建筑行业要尽量提高电气化率，减少煤炭和天然气的用量，采用新技术、新方法提高建筑物的能效。首先，建筑行业要不断提高建筑节能设计标准，完善家电能效标准与标签计划；其次，各城市要积极对老旧建筑进行翻新改造；最后，各省市要在农村推广应用分布式光伏发电和高效生物质利用技术。

预计到该阶段，全国将逐步禁止农村住宅用煤，"煤改气""煤改电"工程将取得显著成效。到2023年，水泥行业可能会率先实现碳达峰；到2025年，建筑材料行业有可能全面实现碳达峰。到2030年，在我国新增建筑面积中，绿色建筑面积的占比要超过90%。据估算，到2050年，我国装配式建筑的新增面积将达到10.69亿平方米，建筑行业的电气化率有望超过50%。

2. 第二阶段（2036～2050年）：大幅度降低碳排放

在这个阶段，建筑行业要继续提高电气化率，用生物质燃料、太阳能热、不会额外产生碳排放的工业余热代替一部分用电需求，减小建筑物的用电量。首先，建筑行业要因地制宜开发高效热泵技术，对建筑的供暖系统进行电气化改造；其次，在全社会推广应用光伏一体化建筑和被动式建筑，提高这两类建筑在新建建筑中的占比；最后，在建筑行业推广使用太阳能热水技术和分布式光伏技术。预计到2050年，北方城市的集中供暖系统将完成电气化改造，实现深度脱碳，新增建筑将实现零碳排放，整个建筑行业的电气化率将达到85%，住宅及商用建筑的烹饪系统将完全实现电气化。

3. 第三阶段（2051～2060年）：深度脱碳，实现碳中和

建筑行业想要实现深度脱碳，必须推广使用CCUS技术和BECCS技

术。当然，建筑行业完全实现零碳排放不太现实，对于必须产生的碳排放，可以通过负排放技术以及碳汇技术来实现碳中和。

具体来看，建筑行业想要实现碳中和必须做好以下三点：第一，提高建筑物能效。为了做到这一点，建筑行业要提高现有电器与设备的能效标准以及建筑节能设计标准，促使新建建筑的二氧化碳实现零排放或者近零排放，对老旧建筑进行节能改造，降低老旧建筑的碳排放。第二，全面推进电气化。电气化是建筑行业实现碳中和的一条有效途径，据统计，2019年我国建筑行业的电气化率只有37%，未来还有很大的提升空间。第三，在建筑行业推广应用低碳建材生产技术、可再生能源建筑技术和智能支持技术等创新技术，利用这些技术实现碳中和。

智慧农业：科技构筑农业数字新基建

我国是农业大国，农业是我国的第一产业，大力发展绿色农业、新型农业对乡村振兴战略的实现意义重大。2022年2月22日，我国发布《中共中央 国务院关于做好2022年全面推进乡村振兴重点工作的意见》（以下简称《意见》），强调要"推进农业农村绿色发展""大力推进数字乡村建设"，为我国农业的数字化转型、低碳化发展指明了方向。

在"碳中和"背景下，"绿色化""数字化"开始加速发展，成为推动农村、农业高质量发展的重要驱动力，为乡村振兴重点任务的实现提供了强有力的保障。从目标与逻辑层面看，农业数字化与农业"双碳"目标的实现有着内在的一致性，二者互为支撑，可以融合发展。

农业的高质量发展离不开数字农业的支持。发展数字农业首先需要对农业的生产流程、经营与服务体系进行数字化改造，降低农业生产过程中的碳排放，提高农业绿色全要素生产率，为"双碳"目标的实现奠定良好的基础；其次要对乡村政务服务与基层社会治理进行数字化改造，增强农业减碳增汇的数字化核算能力，对农村落实农业"双碳"目标的情况进行有效监管，保证农业碳中和可以如期实现。

1. 推动顶层设计与实践探索相结合

农业数字化与"双碳"目标虽然存在逻辑上的一致性，但二者不易实现深度融合。为了解决这一问题，我国需要坚持整体观、全局观，坚持先立后破，先稳定农业碳排放的存量，严格控制碳排放增量，缓慢且平稳地向碳达峰、碳中和目标的实现过渡，不能急于求成，一味地关注碳减排目标的实现，忽略农业产业面临的现实困境。

① 利用"双碳"目标对农业在数字化转型过程中利用先进技术减碳固碳的行为进行纠正，对农业数字化转型产生积极的推动作用。

② 对农业农村通过数字化转型降碳增汇的工作进行规范，全面推进数字核算与标准建设，防止喊口号、不作为、铺摊子、急转弯等运动式"减碳"给农村经济发展秩序造成破坏，导致农业过度去产能、调结构，无法有序转型发展。

③ 创新工作体系，增强政府、企业、行业、社会公众等主体的联动，形成数字农业发展新生态，对各类农业资源进行优化配置，采取有效措施应对农业数字化转型过程中可能面临的各种风险，有序推进农业农村的碳减排、碳中和战略，为乡村生态振兴提供强有力的支持。

2. 强化科技创新引领，建立健全绿色农业数字体系

农业行业的碳中和同样离不开技术的支持，要充分利用科技创新减少农业生产过程中化肥农药的用量，将畜禽粪便和作物秸秆转化为可以开发利用的资源，对农业机械进行数字化改造，减少农作物加工流通环节的碳排放，具体来看要做好以下几点。

① 以农业大数据平台为基础创建智慧型互联网农业生态圈，大力发展农业物联网与绿色低碳综合技术服务平台。

② 全面推行低碳农业数字孪生计划，推动 5G、大数据、人工智能、区块链、云计算等技术在农业领域深入应用，为农业的绿色化转型提供强有力的支持。

③ 抓住农业技术迭代发展的机遇，聚焦农业领域脱碳、零碳数字技术的研发，进一步拓展农业数字化转型应用场景，对农村实施"双碳"目标的路径、方法进行统筹规划。

④ 与国际标准衔接，完善"双碳"标准计量体系，对农业碳排放管理体系进行数字化改造，提高农业碳排放管理的数字化水平。

3. 构建基于"双碳"目标的农业数字新基建

全面建设绿色数字基建，对农业农村大数据中心、农村宽带、农村 5G 基站等数字基建进行统一部署与监管，实行分级负责制，保证这些基础设施可以实现平衡运行、协调运行。同时，我国要重点关注中西部农业产业的数字基础设施建设，加大投资力度，保证农业各细分领域的数字化转型步调相互协调，防止出现数字鸿沟❶。具体来看，农业数字新基建要做好以下三点。

① 推动农业生产经营主体实现数字化转型，对碳排放信息进行智能化采集，借助云计算、物联网、机器人等信息技术降低农业行业的碳排放，提高各类农业资源的利用率。在数字化的过程中要切实保证数据安全与网络信息安全，准确识别风险并进行有效管控，防止数字基础设施在运行过程中发生危险。同时，国家或者行业要出台相关政策鼓励农业领域的

---

❶ 数字鸿沟是信息和电子技术方面的鸿沟，指在全球数字化进程中，不同国家、地区、行业、企业、社区之间，由于对信息、网络技术的拥有程度、应用程度以及创新能力的差别而造成的信息落差及贫富进一步两极分化的趋势。

大型企业利用自身的资源优势、技术优势探索碳减排路径，对数字赋能农业绿色低碳发展的路径进行探索，形成典型的行业示范，带领其他中小企业走上数字化、碳减排之路，催生更多新业态。

② 提高农业数字化发展的韧性，为"双碳"目标的落地提供强有力的保障。我国要围绕农业农村绿色发展，鼓励相关企业与机构积极研发有利于农业降碳增汇的技术，增加低碳科技的积累，为数字农业发展奠定良好的技术基础。

③ 农业行业要充分释放数据资源与数字技术的生态潜能，促使农业数字化转型与"双碳"目标协同发展，积极筹建数字农业试验区，探索打造"绿色低碳"的标杆型农业科技示范园区。

第 3 章
CCUS 技术：实现碳中和的重要路径

全球 CCUS 技术和应用现状

碳捕集与封存（Carbon Capture and Sequestration，CCS）技术指的是将工业生产或相关能源使用过程中产生的二氧化碳收集起来并进行封存的技术。随着全球气候日益恶化、温室效应逐渐加剧，碳捕集与封存技术成为减少温室气体排放、对抗全球变暖的有效手段。

2016 年签署的《巴黎协定》提出"将 21 世纪全球平均气温上升幅度控制在工业化前水平以上 2℃之内，并努力将气温升幅控制在工业化前水平以上 1.5℃之内"的目标。而根据 2017 年国际能源署（International Energy Agency，IEA）发布的《能源技术展望报告 2017》：如果要在 21 世纪末之前实现全球平均气温上升幅度控制在 2℃的目标，那么需要借助 CCS 技术实现不低于 14% 的 CO_2 减排量；如果希望进一步降低全球平均气温的升温幅度，例如将升温幅度控制在 1.75℃以内，那么至少在 2060 年之前能源行业应该实现零碳排放，CCS 技术需要贡献不低于 32% 的 CO_2 减排量。

2018 年 10 月，联合国政府间气候变化专门委员会（IPCC）发布的《全球升温 1.5℃特别报告》中特别强调了 21 世纪中叶实现 CO_2 净零排放对于全球气候发展的重要意义,而要实现 CO_2 净零排放甚至补偿不低于 1.5℃ 的净负排放,除碳是必要且重要的措施。对于未超过 1.5℃ 以及有限超过 1.5℃(即升温幅度在回降之前曾超过 1.5℃)的气候目标,都需要大量运用 CCS 技术。

1. CCUS 技术:推动碳减排的重要路径

在 CCS 技术中,与碳捕集相关的技术已经比较成熟,并获得了商业化推广。例如 2012 年 8 月 6 日,我国首个将二氧化碳封存至咸水层的项目就取得了重要突破。不过,从整体来看,CCS 技术的技术体系非常先进,工程规模极其庞大,额外能耗和运营成本都非常高,安全性问题需要进一步探索,而且需要与相关的大型项目进行进一步整合。

随着对气候问题的重视程度不断提高以及对 CCS 技术探索的不断深化,2006 年,在首届北京香山论坛上,我国首次提出碳捕集、利用与封存(CCUS)技术,即在碳捕集与封存的基础上融入 CO_2 资源化利用技术,将工业生产或相关能源使用过程中产生的 CO_2 收集后进行利用或封存,进一步解决 CO_2 减排问题。

CCUS 技术包含了 CO_2 的捕集、运输、利用与封存三个环节,每个环节又涉及多种技术,各项技术的成熟度存在较大差异,因此 CCUS 技术的实现难度与工程量均不容忽视。不过,与 CCS 技术相比,CCUS 将获得的 CO_2 资源化,对其进行循环利用,在有效降低碳排放量的基础上,能够进一步提升能源的利用效率,应用价值更高、现实操作性更强。

经过多年探索,CCUS 技术已经在全球范围内得到认可和使用。

2. 全球 CCUS 技术的应用现状

经过长时间的探索,世界各国都已经认识到了 CCUS 技术的重要价值,并将其应用到各个领域。

(1) 国际上 CCUS 技术的应用

由于 CCUS 技术所体现出的不容忽视的价值，近年来全球关于 CCUS 技术的示范项目的数量不断增长，规模逐步增大。根据全球碳捕集与封存研究院（Global CCS Institute）发布的 *Global Status of CCS 2020*：截至 2020 年底，全球处于开发或建设阶段的大规模 CCUS 项目有 37 个；处于运行阶段的大规模 CCUS 项目有 28 个，其中美国 14 个、加拿大 4 个、中国 3 个、挪威 2 个，澳大利亚、卡塔尔、阿拉伯联合酋长国、沙特阿拉伯以及巴西各有 1 个。

就具体的应用领域来看，在已经处于运行阶段的 28 个大规模 CCUS 项目中，有 2 个项目的碳捕集类型为电力行业的燃烧后捕集，其余 26 个项目的碳捕集类型为工业分离，分别集中于制氢、炼油、化工生产以及天然气处理等行业。对于碳捕集类型为工业分离的 CCUS 项目而言，由于其工艺过程可能包含 CO_2 脱除工序，所以可以减少额外投入，有效降低碳捕集成本，进而推动 CCUS 项目的开展。

在处于开发或建设阶段的 37 个 CCUS 项目中，关于 CO_2 捕集后利用或封存的类型，直接地质封存的项目有 15 个，用于驱油的项目有 22 个；而关于 CO_2 的捕集，与燃烧后捕集相关的项目有 13 个，其中涵盖 1 个富氧燃烧项目。

(2) 中国 CCUS 技术的应用

随着与节能减排有关的政策不断推出，我国在 CCUS 技术领域也取得了明显突破。

2022 年 1 月 29 日，由齐鲁石化和胜利油田共同建设的齐鲁石化—胜利油田 CCUS 项目全面建成，这是我国首个百万吨级的 CCUS 项目。该项目以齐鲁石化第二化肥厂煤制气装置排放的 CO_2 尾气为原料，将 CO_2 尾气转化为液态 CO_2 产品，并运送至胜利油田进行驱油与封存。根据齐鲁石化和胜利油田方面的计算，齐鲁石化—胜利油田 CCUS 项目一年能

够减排的 CO_2 达到 100 万吨，等同于植树近 900 万棵或 60 万辆经济型轿车停开一年减排的 CO_2 量。

齐鲁石化—胜利油田 CCUS 项目，是目前国内最大的 CCUS 全产业链示范基地和标杆工程，不仅对我国进一步推进 CCUS 规模化发展具有重大的示范作用，而且对我国搭建"人工碳循环"模式、提升碳减排能力具有不容忽视的价值。在齐鲁石化—胜利油田 CCUS 项目的带动下，我国的"双碳"目标有望尽早实现。

在碳捕集环节，目前我国已经建成的 CO_2 捕集示范装置已经普遍达到 10 万吨级以上，其中捕集能力最大的约为 80 万吨 / 年。这些 CO_2 捕集示范项目主要集中于甲醇、水泥、化肥生产以及天然气、煤化工、火电处理等行业。

在 CO_2 的运输环节，我国 CCUS 示范项目主要以罐车运输为主。除罐车运输外，内陆船舶运输方式也已经基本成熟，管道运输仍处于探索阶段，正致力于建立健全相关的安全控制技术体系和标准体系。在具体应用方面，中石油吉林油田 CCS-EOR 示范项目已经铺设了 20 千米的管道，可以输送 CO_2 至采油区进行驱油作业。

CO_2 的利用与封存仍然以地质封存利用为主，生物和化工领域的应用相对较少。化工生产、天然气处理以及煤化工等领域以 CO_2-EOR[1] 为主，能够有效提高石油的采收率；地质利用和封存方面则主要包括地浸采铀、咸水层封存、CO_2-ECBM[2] 以及 CO_2-EOR 等，其中地浸采铀已经被大规模应用于工业领域，CO_2-EOR 也已经初步实现了商业化。

---

[1] CO_2-EOR（CO_2 Enhanced Oil Recovery）技术是指将二氧化碳从工业或能源生产气源中捕集出来，通过管线、罐车等方式运到适宜的油田，作为驱油介质注入地下储层来提高采收率，同时将二氧化碳封存在地下。

[2] CO_2-ECBM 是一种在煤层注入 CO_2，增强甲烷开采的方法。

碳捕集：CO_2 捕获与分离技术

碳捕集技术指的是将 CO_2 从固定的排放源中进行分离和获取。目前，开发的 CO_2 固定排放源主要集中在发电、垃圾焚烧、化石燃料制氢、钢铁生产、水泥生产等行业。而从捕获与分离 CO_2 的阶段来看，碳捕集技术又包括燃烧前碳捕集（Pre-combustion Capture）技术、燃烧中碳捕集（Oxy-fuel capture）技术和燃烧后碳捕集（Post-combustion Capture）技术。

1. 燃烧前碳捕集技术

燃烧前碳捕集技术指的是对合成气、煤气、天然气等可燃气体中的 CO_2 进行分离和捕集的技术。目前，已经取得了一定的研究进展并具备商业运行能力的燃烧前碳捕集技术主要有溶液吸收法、固体吸附法和膜分离法。

（1）溶液吸收法

溶液吸收法即借助溶液从可燃气体中分离 CO_2 的方法。从吸收的原理来看，溶液吸收法又包括两种，如表 3-1 所示。

表 3-1 溶液吸收法的两种类型

类型	原理
物理吸收法	CO_2 在某些溶液（例如聚乙二醇二甲醚、N-甲基吡咯烷酮、甲醇等）中会随着温度和压力的变化而分离，一般情况下，压力越高、温度越低，溶液对于 CO_2 的吸收能力就越强，通过这种方式可以将 CO_2 分离出来。具体的应用如低温甲醇洗（Rectisol）工艺，适用于中高压环境，捕集能耗相对较低
化学吸收法	CO_2 与某些溶液能够发生化学反应，完成 CO_2 的吸收。一般情况下，温度越高，CO_2 获取的效率也越高。与物理吸收法相比，在常压操作条件下化学吸收法不仅捕集效果好，而且工艺简单、选择性高、捕集容量大

（2）固体吸附法

固体吸附法即借助固体吸附剂从混合性气体中分离出 CO_2 的方法。从吸附的原理看，固体吸附法包括两种，如表 3-2 所示。

表 3-2　固体吸附法的两种类型

类型	原理
物理吸附法	即在较高的压力条件下，借助笼状水合物、水滑石、分子筛、活性炭等变压或变压/变温吸附材料进行降压加抽空或降压加冲洗的再生循环工艺
化学吸附法	即借助碳酸盐、硅酸盐或负载胺等材料的化学反应进行 CO_2 吸附，然后在高温环境下对 CO_2 进一步解析和再生。与物理吸附法相比，化学吸附法不仅对环境中蒸汽或水分的耐受性好，而且具有更高的选择性

（3）膜分离法

膜分离法即借助渗透膜进行 CO_2 分离的方法。由于使用膜分离法时合成气压强为 3～5 MPa，所以用于合成气脱碳的膜过程是典型的高压膜过程。由于膜分离法主要用来分离 CO_2 和 H_2，所以用于分离的膜主要包括两种，一种是 CO_2 优先渗透膜，即 CO_2/H_2 分离膜，另外一种是 H_2 优先渗透膜，即 H_2/CO_2 分离膜。

2. 燃烧中碳捕集技术

燃烧中碳捕集技术指的是在化石能源燃烧的过程中输入空气或富集氧气的负载体，一方面得到高浓度的 CO_2，另一方面减少 CO_2 与 N_2 等惰性气体的反应，进而降低能耗和分离难度。目前使用的燃烧中碳捕集技术主要包括富氧燃烧技术和化学链燃烧技术，如图 3-1 所示。

图 3-1　燃烧中碳捕集技术

(1) 富氧燃烧（Oxy-Combustion）技术

富氧燃烧技术即以浓度较高的 O_2 与 CO_2 的混合气体代替空气，在锅炉中与煤粉发生燃烧反应进行 CO_2 获取的技术。

该技术使用的混合气体中的 CO_2 是通过烟气循环的方式从锅炉排放的烟气中获得的，O_2 来自工业级的空分装置。需要特别说明的是，在烟气循环的过程中，经过不断的循环和富集，烟气中 CO_2 的浓度会逐渐升高，最终会达到 80% 以上，更有利于后续 CO_2 的压缩和分离。总体来看，富氧燃烧技术具有明显的适于存量机组改造、易规模化、成本低等特点。

(2) 化学链燃烧（Chemical Looping Combustion）技术

化学链燃烧技术即将燃料与载氧体发生燃烧反应后的燃烧侧产物进行冷凝，从而获取 CO_2 的技术。由于将载氧体代替空气，因此化学链燃烧技术的产物只有 CO_2 和水，不需要经过额外的分离装置。

化学链燃烧技术使用的化学链燃烧系统包括载氧体、燃料反应器和空气反应器三部分。其中，载氧体由载体和金属氧化物组成：载体不仅能够承载金属氧化物，而且可以提高反应性能；金属氧化物的作用则在于参与反应传递燃烧所需的 O_2。

3. 燃烧后碳捕集技术

燃烧后碳捕集技术即将燃烧后产生的水蒸气、O_2、N_2、CO_2 等不可燃气体进行分离并获取高浓度 CO_2 的技术。燃烧后碳捕集技术的操作对象主要是工业生产释放的烟道气，这也是 CO_2 最主要的排放源。

这些混合气体组成的烟道气的压强约为 100 kPa，其中 CO_2 的浓度为 2%~30%。由于压力条件为常压且 CO_2 浓度低，因此虽然燃烧后碳捕集技术的设备投资和维护成本较低，但 CO_2 捕集的成本和能耗却相对较高。燃烧后碳捕集技术主要包括化学吸收法、固体吸附法和膜吸收法三种，其原理如表 3-3 所示。

表 3-3　燃烧后碳捕集技术的三种类型

燃烧后碳捕集技术	应用原理
化学吸收法	通过使用碱性吸收剂与燃烧后烟气中的 CO_2 发生反应，产生不稳定的盐类，然后通过减压或加热的方式将这些盐类进行逆向分解，最后将分解出的 CO_2 进行分离和获取
固体吸附法	某些固体材料表面的原子或基团能够与燃烧产生的烟气中的 CO_2 形成化学键进行结合。固体吸附法的工艺系统包括吸附反应器和脱附反应器，需要借助变温吸附系统发挥作用
膜吸收法	将膜的渗透作用与化学吸收相结合

燃烧后碳捕集的膜吸收技术是将燃烧后的混合气体与吸收液分别置于微孔膜的两侧，由于微孔膜本身不具备选择性，因此可以将混合气体与吸收液进行隔离。不过当对微孔膜上的微孔大小进行调整后，便可能在配合压力变化的条件下将 CO_2 等特定的气体分子进行选择性吸收。

碳利用：CO_2 资源化利用技术

捕获和分离后的 CO_2 主要的利用途径有物理利用、化工利用、电化学利用、生物利用以及矿化利用等。其中，CO_2 的物理利用可以延伸至发泡材料、制冷以及食品等多个行业。不过与其他的利用途径相比，CO_2 的物理利用最终的归宿主要是排入大气，所以其利用的主要目的是提高能源效率。

1. 化工利用技术

CO_2 化工利用技术指的是将 CO_2 作为主要原料，通过与其他物质发生化学反应转化为具有更高附加值的化工产品的技术。基于 CO_2 化工利用技术所产生的高附加值的化工产品可以分为无机产品和有机产品两种类型，如图 3-2 所示。

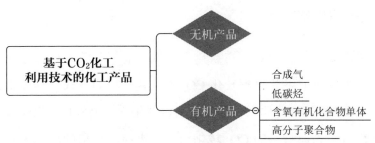

图 3-2 基于 CO_2 化工利用技术的化工产品

（1）无机产品

实际上，在传统的化学工业领域，CO_2 就大量应用于硼砂、白炭黑、小苏打、纯碱以及各种金属碳酸盐等无机产品的生产中，所生产出来的无机产品一般可以作为基本的化工原料。此外，CO_2 的资源化利用还可以应用于水杨酸或合成尿素中。

（2）有机产品

在有机产品领域，CO_2 化工利用技术可以用于生产大分子聚合物、燃料或能源等具有较高附加值的含碳化学品，具体包括：

- 合成气：CO_2 作为主要原料，借助催化剂的作用与甲烷重整制备合成气，主要应用于烯烃生产以及费托合成等领域。
- 低碳烃：CO_2 作为主要原料，借助催化剂的作用与 H_2 发生反应制取低碳烃。需要注意的是，催化剂的选择具有一定的难度。
- 含氧有机化合物单体：CO_2 作为主要原料，借助于催化剂、压力以及温度的共同作用，与 H_2 发生反应合成有机酸、醚类以及醇类物质等。
- 高分子聚合物：CO_2 作为主要原料，借助特定催化剂的作用与环氧化物发生聚合作用生成高分子量聚碳酸酯。目前，我国在脂肪族聚碳酸酯领域已经取得了较大的进展，能够为环境保护及资源的循环利用提供有效助力。

2. 电化学利用技术

为了避免捕获后的 CO_2 重新排入大气，需要对其进行绿色资源化利用，这里可以采取熔盐电解转化 CO_2 为碳基材料的方式。具体来讲就是在 450～800℃ 的熔盐体系中，通过调控催化剂、电极材料以及反应途径等条件，将作为原材料的 CO_2 转化为具有更高附加值的碳纳米材料，例如制备石墨烯或碳纳米管等。

2020 年底，山西清洁碳经济产业研究院在山西大同大唐云冈热电厂建成并运行的百吨级工业化系统，不仅可以从煤电厂的烟气中进行 CO_2 捕集，还可以将其转化为碳纳米管。

3. 生物利用技术

在生态系统中，植物的光合作用也是一个生化过程，因此，对 CO_2 的资源化利用可以借助于植物对 CO_2 的应用原理。与其他技术相比，生物利用技术具有更强的可持续性和有效性。在各种植物中，由于微藻类植物具有生长周期短且光合效率高的特点，因此 CO_2 生物利用技术方面的研究主要集中在微藻固碳和 CO_2 气肥使用方面。

- 微藻固碳技术：主要应用于通过微藻固定 CO_2 后转化为饲料添加剂、食品添加剂、生物肥料、化学品以及液体燃料。
- CO_2 气肥技术：即将工业生产以及能源应用等过程中采集的 CO_2 调节到合适的浓度后注入温室，通过这种方式提高作物的光合效率，以提升作物产量。由于我国种植大棚的面积为世界之首，因此预计 CO_2 气肥技术在我国也将拥有良好的发展前景。

除以上提到的两种 CO_2 生物利用技术外，从生物在固碳方面的价值出发，可以得到从天然生物中提取固碳酶的启示，发挥特殊的固碳酶的催化作用，提高人工生物固碳效率。研究方向包括甲酸脱氢酶在辅因子

NADH 作用下催化 CO_2 还原并转化为甲酸；重组固氮酶催化 CO_2 甲烷化、催化 CO_2 还原为 CO 和甲酸。

此外，生物固碳技术也可以与特定的操作条件结合发挥价值。例如，在正常的温度和压强条件下，将生物固碳技术与电催化、太阳能结合建立一个较为复杂的微生物电合成系统，将混合微生物（比如孢子菌和梭状芽孢杆菌）在阴极表面进行培养，使其生成生物膜，进而借助生物电化学作用将 CO_2 还原为乙酸等产物。

4. 矿化利用技术

矿化利用指的是自然界中富含镁、钙等的大宗固体废弃物（比如磷石膏、粉煤灰、水泥窑灰、炼钢废渣等）对 CO_2 进行矿化吸收，并将其转化为更加稳定的无机碳酸盐产物的过程。CO_2 矿化利用技术就是对这一过程的模仿，通过利用 CaO（氧化钙）、MgO（氧化镁）等固体废渣的碱性氧化或天然硅酸盐矿石对采集的 CO_2 进行吸收。

由于 CO_2 矿化利用技术在实现 CO_2 减排的同时还能够得到一些有价值的产物，在对 CO_2 进行资源化利用的同时也实现了对其他固体废弃物的利用，因此该技术具有比较广阔的应用前景。目前，已经取得一定进展的 CO_2 矿化利用技术主要有生物碳酸法技术、干法碳酸法技术、湿法矿物碳酸法技术以及矿物碳酸化反应技术。

碳封存：CO_2 的地质储存技术

对于捕集后的 CO_2，除了可以进行资源化利用外，还可以将其安全地储存在地质结构层中，储存方式有地质封存、海洋封存、化学封存三种，如图 3-3 所示。

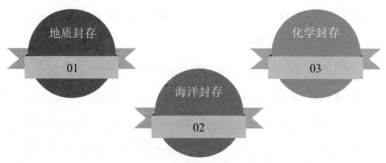

图 3-3　CO_2 的地质储存方式

1. 地质封存

地质封存指的是将捕集后的 CO_2 储存在地质体中。由于 CO_2 的长期封存需要维持一种超临界状态，因此 CO_2 地质封存的深度应该为 800 米以下。

（1）油田和气田

随着对地质状况的认知不断加深，已有的科学研究已经证明，CO_2 等碳氢化合物能够储藏在废弃的气田或油田中。将捕集后的 CO_2 储存在产气层或产油层，一方面能够解决碳封存的问题，另一方面将 CO_2 注入油气采收相对艰难的油气田后，还能够提升油气田采收效率，在一定程度上提高现有资源的利用率。

（2）没有碳氢化合物的圈闭

由于 CO_2 本身所具有的特性，将其封存在没有碳氢化合物的圈闭，不仅能够集聚封存 CO_2，还能够保持 CO_2 的稳定性。与含气层、含油层相比，没有碳氢化合物的圈闭的构造也十分有利于对大量 CO_2 进行稳定封存。

（3）深度蓄水盐层

在不同的地质结构层中，盐层的分布较为广泛，而且具有相当大的储气结构，十分适合储存 CO_2。不过，需要注意的是，在具体应用过程中，工程人员需要准确分析不同含盐水层的地质性质和构造。

2. 海洋封存

海洋封存指的是通过船舶或管道将CO_2运输并储存于深海的海洋水或者深海海床上的一种封存方式，主要包括溶解型海洋封存和湖泊型海洋封存。

（1）溶解型海洋封存

通过船舶或管道等将CO_2运输至深海，使CO_2自然分解为其他可供自然界碳循环的组成部分。

（2）湖泊型海洋封存

通过船舶或管道将CO_2运输至地下3000米的深海，由于此处的海水密度低于CO_2的密度，因此气体形态的CO_2会转化为液体形态，延缓CO_2分解到环境中的时间。不过，与其他的封存方式相比，如果缺乏完备的海洋封存技术，大量液态的CO_2会对海洋中的生物和环境造成严重威胁，因此推广难度较大。

3. 化学封存

化学封存指的是经过一系列繁杂的化学反应将捕集到的CO_2转化为结构更为稳定的碳酸盐，减少CO_2排入大气。与地质封存与海洋封存相比，化学封存是一种更新的CO_2封存技术，因此其减排效率和经济效益仍然具有比较大的不确定性。

第 4 章
转型之战：引领全球新一轮能源革命

一场席卷全球的能源革命

随着新能源技术与信息技术不断融合，太阳能、光伏、地热能等清洁能源逐渐替代化石能源，全球的能源结构发生了重大改变，煤、油、气、核、新能源、可再生能源多轮驱动的能源供应体系正在形成，能源消费环节的电气化应用范围不断扩大，能源利用效率不断提升，开启了一个以高效、清洁、低碳、智能为主要特征的能源新时代。

1. 全球能源革命的驱动因子

纵观历史，全球能源革命历经了三个阶段，第一个阶段发生在19世纪中叶，标志是煤炭取代木材成为主要能源；第二个阶段发生在20世纪中叶，标志是石油取代煤炭成为主要能源；第三个阶段发生在20世纪后半叶，标志是以核能为代表的非化石能源的出现，进一步丰富了能源消费结构。目前，全球正在经历新一轮能源革命，核心就是推动能源消费结构从以化石能源为主、清洁能源为辅向以化石能源为辅、清洁能源为主转变。在这个过程中，有三个非常关键的驱动要素，具体分析如下。

（1）能源供需变革驱动

从能源需求层面看，随着发展中国家和新兴经济体的发展速度越来越快，未来20年，全球能源消耗或将增长30%。发达国家的经济增长已经基本与能源消费脱钩，无论经济增长速度如何，煤炭、石油等化石能源的消费都不会出现大幅增长。在需求端，能源利用效率将不断提高，使用方式也将从直接使用向间接使用转变。从终端能源结构变化来看，电气化水平的提高将成为主要发展趋势。

从能源供给层面看，虽然全球的化石能源储备不会在短期内枯竭，但各种能源所占份额将发生很大变化。受美国"页岩气革命"的影响，非常规石油与天然气的产量大幅增加，石油在能源结构中所占份额将不断下降，天然气所占份额将持续上升，可再生能源的利用将进一步丰富能源结构，增加能源供给。

（2）技术创新驱动

随着智能电网建设不断推进，区块链技术以及需求响应技术不断发展，能源消费者与供应商之间的关系将重构。另外，随着光伏技术不断成熟，光伏利用成本不断下降，电池储存和非常规燃料提取技术取得重大突破，碳捕集和存储技术实现广泛应用，将打破全球能源领域现有的平衡局面，催生一种新的能源结构。

（3）环境驱动

能源系统排放的温室气体占到了温室气体排放总量的2/3。为了促进能源转型，世界各国先后发布了碳减排与清洁能源发展目标，各国的企业、组织、机构纷纷响应国家政策，尤其是石油与天然气领域的巨头开始不断加大在可再生能源领域的投入。

2. 新一轮能源革命的发展趋势

新一轮能源革命的目标非常清晰，就是不断减少煤炭、石油、天然气消费，增加新能源以及可再生能源的消费。在这个过程中，能源利用效率以及电气化程度都将得到大幅提升。在新能源以及可再生能源替代传统化石能源的过程中，天然气作为一种相对清洁的化石能源将承担非常重要的过渡作用。具体来看，新一轮能源革命的发展趋势主要表现在以下四个方面，如图4-1所示。

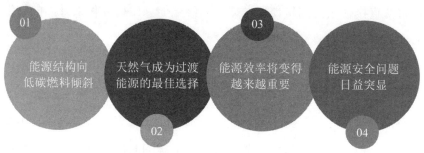

图4-1 新一轮能源革命的发展趋势

（1）能源结构向低碳燃料倾斜

在能源消费结构中，化石能源的占比依然很高，只不过低碳燃料的占比会有所提升。IEA预测，到2050年，全球对化石燃料的依赖不会发生太大改变，但能源结构会呈现出低碳化趋势，天然气、石油与煤炭、可再生能源的占比或将达到1∶1∶1。

（2）天然气成为过渡能源的最佳选择

在新一轮能源革命中，相对清洁的天然气将成为非常重要的"过渡性燃料"。受美国"页岩气革命"的影响，天然气的增长速度已经超过石油与煤炭。随着天然气产量快速增长，液化天然气和压缩天然气的交易量也将迅速提升。相较于石油和煤炭来说，天然气燃烧与使用对环境的伤害要小很多。基于这一优点，天然气有可能在未来很长一段时间对能源转型产生积极的推动作用。

（3）能源效率将变得越来越重要

在新一轮能源革命中，交通、建筑和制造业要不断提高能源利用效率。在此形势下，智能家居、智能建筑、智能家电将迎来发展机会，帮企业与消费者管理能源消耗的创业项目也将迎来广阔的发展空间。

（4）能源安全问题日益突显

互联网技术在能源行业的深度应用一方面为可再生电力与全球能源系统的互联提供了可能，另一方面为能源系统带来了全新的安全挑战。随着光伏发电、风电技术不断成熟，装机量持续增加，以其为代表的可再生能源发电量将为全球贡献60%的新增电力。同时，智能电网系统支持清洁能源大规模接入，可以实现对交通、工业、商业、居民生活等领域传统化石能源的替代。

随着可再生能源、电动汽车和新型储能技术的不断发展，能源安全的概念将得以重构。作为一种非常重要的基础设施，电网的安全直接影响着能源安全以及城市安全，甚至影响着国家安全。近年来，为了提高能源利用效率，电力企业开始利用互联网技术对电力系统进行改造，大力推广网络分布式的控制系统，新旧设施的快速连接为网络攻击者提供了新的攻击点。只要电网系统的任何一个部位被击中，整个系统就有可能受到影响。据统计，在美国，能源系统遭受的网络攻击远远高于其他关键基础设施。所以，未来，能源系统的安全问题将成为重中之重。

我国能源转型的挑战与机遇

进入"十四五"之后，我国经济从高速发展阶段迈入高质量发展阶段，面临着很多新的机遇与挑战。在此形势下，我国经济发展要秉持新的发展理念，构建新的发展格局。在能源领域，我国要打破传统的能源体系，创建一个更加清洁、安全、运行效率更高的现代能源体系，主动拥抱全球产业链重构、能源转型进程加快、科技竞争愈演愈烈等变化，创建现代能源体系，提高能源自主创新能力，推动能源实现低碳化转型，增加油气储备，增强油气调峰能力，创建一个更智能、更灵活的电力系统。

1. 我国能源转型面临的主要挑战

在碳达峰、碳中和以及经济高质量发展的双重要求下，我国能源转型面临着巨大挑战，具体表现在以下几个方面，如图4-2所示。

图 4-2　我国能源转型面临的主要挑战

（1）产业结构重

我国目前乃至未来很长一段时间都将处在工业化后期，高能耗、高污染、低效益的工业门类仍将占据较大比重。在经济高质量发展的背景下，我国对化石能源的需求仍将持续增长，碳减排压力将不断加大。

（2）煤炭比例高

在我国的能源结构中，煤炭仍占据较大比例，而且利用效率普遍较低。据统计，2021年，我国煤炭消费比重仍然处在较高水平，接近56%，单位能源消费碳强度比世界平均水平高很多。虽然过去40年，我国单位GDP能耗平均降幅超过4%、累计降幅近84%，但仍是世界平均水平的1.5倍。

（3）排放总量大

我国能源生产量位居世界第一，消费量也高居世界第一。2020年，我国二氧化碳排放量达 98 亿吨，在全球碳排放总量中的占比大约为 31%。我国想要完成 2030 年实现碳达峰的目标，就要在"十四五"期间将碳排放减少 18%，在"十五五"期间将碳排放减少 17%，让 2030 年的碳排放强度比 2005 年下降 65%。对于我国来说，这些目标的实现极具挑战。

（4）减排斜率陡

按照目前世界各地发布的"双碳"目标，欧盟从碳达峰到碳中和要经历 70 年，美国、日本从碳达峰到碳中和要经历 40 年，我国从碳达峰到碳中和只有 30 年的时间。也就是说，我国的碳减排时间短、任务重，整个过程呈现为一条斜率很陡的曲线，任务十分艰巨。

2. 我国能源转型的潜在机遇

在新一轮能源革命推进的同时，新一轮科技革命与产业革命也将轰轰烈烈地展开，各个行业的竞争都会空前激烈，传统的产业链、供应链将被打破，新的产业链、供应链将应运而生，生产组织模式创新、数字化转型进程将越来越快，能源与大宗商品的供需关系也将不断调整。在此形势下，我国经济社会的发展将面临更多机遇，这些机遇主要表现在以下几个方面。

（1）经济高质量发展

在能源转型的过程中，我国将大力发展第三产业——服务业，提高第三产业在 GDP 中的比重，同时会不断降低经济发展对能源的依赖，让经济发展与能源消耗脱钩，在保证经济高速发展的同时减少碳排放，这些措施都将对经济的高质量发展产生积极的推动作用。

（2）促进产业结构调整

在能源转型的过程中，能源技术的创新速度、能源基础设施的升级速度以及新能源行业的发展速度都将越来越快，碳计量、碳交易和绿色金融等新兴行业将异军突起，为经济发展带来很多新机遇。相关机构预测，中国经济的低碳转型将催生一个规模庞大的新兴市场，带动70万亿元的绿色基础设施投资，产生巨大的经济效益。

（3）技术催生新业态、新模式

在"双碳"背景下，资源与资本在能源产业的地位将逐渐下降，技术与资本的地位将不断上升，能源行业低碳化、电气化转型将持续引领新一轮工业革命，量子信息技术、新能源技术、新材料技术将取得重大突破，从而催生一系列新业态、新技术、新模式。

（4）全球化国际合作机会增加

近几年，全球地缘政治格局动荡不安，单边贸易保护主义盛行，在这种情况下，能源转型为低碳经济领域的国家、行业与企业合作提供了广阔的空间。例如，近几年，我国光伏硅片、电池片、组件的出口额持续增长，突破了200亿美元。在政府放开外商投资特别准入管理措施之后，我国新能源汽车领域涌入了一大批外资。

我国能源战略转型的原则与要求

在"双碳"背景下，我国能源行业的转型可以划分为三个阶段：第一个阶段是2030年之前，可以概括为碳达峰攻坚期；第二个阶段是2031～2050年，可以概括为碳减排加速期；第三个阶段是2051～2060年，可以概括为碳中和决胜期。其中，在第二个阶段会有一个碳排放整体呈下降趋势但略有反复的平台期，时间大概为2031～2035年。想要如期完成上述规划，我国能源转型战略必须尽快启动，而且要准确研判、稳步推进。这个过程要遵循以下原则与要求。

1. 首要是确保能源供给安全

能源是驱动我国经济社会发展的重要动力，在能源转型的过程中，保证能源安全是首要目标，因为这事关整个经济社会能否实现稳定持续发展。我国能源相对短缺，人均能源资源拥有量相对较低，对外依存度比较高，其中石油的对外依存度为73%，天然气的对外依存度大约为43%。目前，我国处在经济高速发展向高质量发展的转型期，对能源的需求依然旺盛，面临的阶段性结构性问题比较突出，对能源转型过程中可能产生的经济风险、社会风险、金融风险更加敏感，对能源供给的稳定性提出了更高的要求。

能源转型是一项复杂且艰巨的任务，必须坚持整体观、全局观，在改变能源结构、降低碳排放的同时兼顾能源安全，正确处理碳减排与经济发展之间的关系，利用清洁能源、可再生能源取代化石能源的过程不能急于求成，要为能源消费方式的转变留出一定的缓冲时间。

但未来一段时间，我国仍会对油气行业的增储上产❶进行严格管控，鼓励国内油气公司对国内的油气资源进行勘探开发，从各个维度开展国际合作，保证油气能源供给的稳定性；同时，新能源产业要因地制宜，加快开发速度，提高技术标准，降低使用成本，保证能源替代的安全性、可靠性。

2. 关键是要稳妥有序推进

"双碳"目标的实现会在我国引起一场深刻而广泛的系统性变革，变革速度不能太快也不能太慢，太快会诱发一系列问题，太慢又容易与发达

---

❶ 增储上产：增加储备，多点生产。

国家存在太大差距。未来十年,我国能源转型将进入关键期,这个阶段的任务就是要循序渐进地实现碳达峰。近几年,全球经济发展面临的不稳定因素越来越多,给能源系统的转型升级带来了很多不确定性影响。在各国的探索下,能源转型路线越来越多,发展程度各不相同。在此形势下,我国能源转型最好采用"小步快跑""边走边看"的方式,在关键技术领域寻求突破,同时不断优化能源转型路径,保证"双碳"目标能够顺利实现。

3. 核心是要节能减排增汇

在"双碳"背景下,循环经济、共享经济将成为我国经济发展的主流模式。在此形势下,我国经济发展要坚持集约化、绿色化、智能化原则,不断完善绿色低碳循环发展经济体系,鼓励经济发展实现深度脱碳,助力脱碳产业快速发展,在保持经济增长速度的同时实现节能减排,在最大程度上减小经济发展对生态环境的影响。

(1)节约能源资源,抑制不合理的能源消费

相关机构要加强宣传,在全社会范围内树立"节能是第一资源"的核心理念,加大在建筑、工业、交通等碳减排重点领域的投入,攻克技术难关,全面推进节能减排行动,加快对设备、技术的节能改造,提高能源利用效率。同时,政府要围绕节能减排出台相关的政策法规,在全社会推广绿色低碳的生活方式,形成节能理念,让节能贯穿经济社会发展的全过程,覆盖经济社会发展的各个领域,从而打造一个能源节约型社会。

(2)优化产业结构与用能结构

我国要优化产业结构,对高能耗、高排放行业进行限制,鼓励企业研发生产高价值、高附加值的产品,降低单位产出能耗及碳排放。同时,我

国要优化用能结构,鼓励各机构、企业与个人使用清洁能源、可再生能源,减少化石能源的用量,提高化石能源的利用率,从而实现节能减排。

(3)加快负碳技术推广应用

我国要鼓励相关企业与机构积极研发负碳技术,推广应用CCUS、空气直接碳捕集、造林与再造林等技术,提高生态系统的碳汇能力,进而提高碳汇增量。

(4)形成减污降碳的激励约束机制

我国要围绕节能减排创建完善的法律法规与标准体系,建立健全MRV机制❶,从控制能耗总量与强度转向控制碳排放总量与强度,带动全社会开展碳减排。同时,我国要借助绿色金融手段,通过开展绿电交易、绿色认证、碳金融等业务,从投资端、融资端与生产端切入完善市场化激励机制。

我国如何引领全球新一轮能源革命?

在"双碳"背景下,我国要贯彻执行新发展理念,积极创建新发展格局,坚持走高质量发展路线,加强政府与企业的协同,多措并举,确保"双碳"目标能够顺利实现。

1.控制能源消费总量,稳妥推进结构调整

目前,我国对化石能源的需求量依然比较大,化石能源在能源结构中的占比依然比较高。预计到2035年,我国一次能源需求将在达峰后实现下降,到2050年,我国一次能源需求总量仍将保持50亿~60亿吨油当

---

❶ MRV是指碳排放的量化与数据质量保证的过程,包括监测、报告、核查三个环节。

量，在全球一次能源需求总额中的占比为 1/3～1/2。2020 年，清洁能源在一次能源消费中的占比大约为 25%。为了实现"双碳"目标，我国必须控制能源消费规模，为实现碳中和留出足够的时间。我国能源结构调整要循序渐进，不能急于求成，要积极拓展能源供应渠道，构建多元化的能源供应模式以及清洁、安全、高效的能源供应体系，具体来看要做到以下四点。

- 逐渐减少煤炭用量，提高煤炭利用效率，减少二氧化碳排放。
- 我国石油对外依存度比较大，要力争在 2030 年前后达到峰值，减少对外依赖，同时要加大国内开采力度，稳步老油田产量，积极发掘新油田，加强海上油气的勘探与开发。
- 我国天然气消费增长趋势将延续 10～15 年，峰值消费规模有可能达到 6500 亿立方米。2050 年前后，天然气在我国能源结构中的占比依然会比较大。为了满足需求，我国要加强页岩气、煤层气、致密气等非常规天然气和海上天然气的勘探与开发。
- 提高可再生能源在能源结构中的占比，不断增加水电、风电、光伏电与核电的装机量，大力发展生物质能、地热能及海洋能。

2. 推进终端需求电能替代，提升电气化率

我国要加快推进终端需求电能替代，扩大新能源的规模，提高新能源在能源结构中的占比，拓展新能源的种类，力争到 2060 年将可再生能源的装机量提高到 90%，具体来看要做到以下三点。

- 推动能源基础设施不断升级，围绕新能源创建新型电力系统，促使清洁电力资源实现跨区域配置，提高电力供应水平与效率。
- 对电源建设进行合理规划，对煤电进行有序改造，扩大抽水蓄能电站建设规模以及氢能利用规模，大力发展储能技术，提高电力

的消纳能力。

- 推动终端应用场景与应用模式创新，促使云计算、大数据、物联网、人工智能、5G、区块链等技术在电力行业实现广泛应用，探索形成微电网、光伏＋、综合能源系统等新业态以及源网荷储一体化、多能互补等新模式。

3. 完善产业链、供应链，实现自立自强

目前，"我国经济社会发展正处在'三期叠加'（经济增速换挡期、结构调整阵痛期、前期刺激政策消化期）状态"，很多关键技术与核心零部件仍依赖进口，供应链、产业链还无法实现自立自强。在这种情况下，我国要做好以下三点。

- 对产业链布局进行持续优化，增强产业链黏性，提高产业链的独立性以及抗风险能力，对土地、金融、科技、数据等资源进行整合应用，加强对产业链的控制，在能源发展过程中掌握主动权。
- 创建公平、高效的市场竞争环境，加强对知识产权的保护力度，提高市场主体的竞争力，鼓励市场主体相互协作，降低成本，提高运营效率，形成专业化分工，保证产业链、供应链实现健康有序的发展。
- 政府与行业要为在能源转型期面临较大生存压力的企业提供帮助，帮助企业重塑核心竞争力，适应能源转型，并借能源转型实现进一步发展。

4. 加强政策精细调控，发挥市场决定作用

在能源转型过程中，政府要发挥主导作用，完善相关的体制机制，建立健全配套的政策体系，充分发挥市场在资源配置中的决定性作用，促使

可再生能源实现规模化利用，具体来看要做好以下几点。

- 政府引导，精准补贴，加速新能源的技术进步和市场份额提升，待其成本降至传统能源成本后，逐渐取消补贴。
- 充分发挥能耗"双控"、绿色金融等政策工具的作用，提高高碳能源的消费成本，将化石能源对环境的影响展现出来。
- 不将新增可再生能源消费计入总量进行考核，将低碳能源、零碳能源的优势充分展现出来，倒逼能源结构与消费结构优化调整，倒逼产业结构转型升级。
- 全面推进碳市场、电力市场建设，对电力交易、用能权交易和碳排放权交易进行统筹，不断完善价格形成机制。
- 全面推进电力市场化改革，在配售电环节培育独立的市场主体，强化增量配电网、微电网和分布式电源在市场上的主导地位，提高可再生能源发电的消纳水平。

案例分析：中国光伏行业的发展历程和启示

当今中国的光伏产业是名副其实的全球市场主导者，产业链上的全部环节（多晶硅、硅片、电池、组件等）完全自主可控并且引领全球的发展。根据中国有色金属工业协会硅业分会公布的数据，截至2021年底，国内光伏组件产能达到359.1吉瓦/年，占全球总产能的77.2%，其中国内硅片产能达417吉瓦/年，占全球产能的98.8%。同时国内市场以1/3全球装机量成为全球最大的光伏市场。如此令人瞩目的成绩实际是经过20年的发展才形成的格局，其中除了中国企业艰苦攻关不断创新之外，海外和国内的政策导向以及市场机制均在不同阶段发挥了重要的影响作用。

从2001年起，国际光伏市场中开始陆续出现中国公司的身影，截至

2010年在海外证券交易所上市的中国光伏企业已经超过20家。截至2010年，国内市场只占中国光伏企业销量的6%，94%的产品销路主要是出口（当时海外的需求离不开海外政府的补贴）。例如，德国不仅对装机有贷款贴息优惠，还在2000年就引入了后来被全球广泛借鉴的"标杆电价"补贴：电网必须以固定价格持续购买光伏电量，期限20年，该价格高于光伏发电成本。这种价格补贴会加到终端电价中，由最终消费者分摊。这个固定价格会逐渐下调，以刺激光伏企业技术进步，提高效率。此时的中国光伏企业在国际市场"如鱼得水"，于是不少企业开始大规模负债扩张。海外主流市场从2011年底开始陆续对我国出口的光伏产品提升关税并且展开反倾销调查，导致出口订单大幅下降，市场被迫向国内转移，进而使得已经或者当时正在负债扩产的中国企业出现破产倒闭潮，中国光伏产业进入寒冬。

国内政策方面，2008年由于宏观经济发展需要，各地政府加大了对基础设施和工业项目的投资，其中也包括光伏（并未为发展光伏产业独立制定的补贴政策）。大部分地方政府招商引资的主要手段是工业用地指标、税收优惠、贷款贴息等。2009年起我国政府发布了一系列有针对性的扶持和补贴政策（如"金太阳工程"），补贴光伏装机，但总量并不大。在光伏产业集聚的江苏省，率先推出了与德国类似的"标杆电价"补贴，确定2009年光伏电站入网电价为每千瓦时2.15元，远高于每千瓦时约0.4元的煤电上网电价。补贴资金源于向省内工业用电单位收取电价附加费，建立省光伏发电扶持专项资金。2011年，中央政府开始对光伏施行"标杆电价"补贴，要求电网按1.15元／千瓦时全额购买光伏电量，资金来源是向电力终端用户征收"可再生能源电价附加"，上缴中央国库，进入"可再生能源发展基金"。除中央的电价补贴之外，此时很多省市也开始地方电价补贴，于是这一阶段中国一批光伏企业抓住国内政策红利发展国内市场，国内光伏装机量快速提升：自2013年以来，中国每年新增光伏装机连续5年稳居世界第一。2018年"531新政出台"，大幅降低了对光伏的电价补贴。当年9月欧盟取消了对我国光伏企业的封锁政策，国际贸易恢复正常。经过近20年的积累，优秀的中国光伏企业早已经为世界光伏行业的龙头，通过技术创新和规模经济，中国光伏产业快速降本，光伏电价接近燃煤电价。于是2019年我国开始逐步取消"标杆电价"补贴政策，实施市场竞价，产业进入市场化的良性发展新周期。

从过去光伏用电成本远高于煤电成本发展至今天的光伏平价上网时代，以上产业发展案例反映出一个基本事实：新能源行业在刚进入市场的阶段由于技术不成熟以及规模不经济，使得其在价格上是缺乏竞争力的。此时若只是依靠市场和价格机制，新能源是无法被广泛应用的，价格也就会长期缺乏竞争力。为了让飞轮转动起来形成正向循环，政策方向非常清楚：①对传统能源征税以增加其使用成本；②阶段性补贴新能源行业以降低其使用成本。由于目前传统能源在能源比例中占比高达90%且价格低廉，直接使用方法①对其征税的负担对于整个宏观经济影响很大，只能逐步推行。方法②是行业前期发展的重要推动力量，即如果没有补贴，光伏行业可能需要30～50年时间甚至最终也无法在能源结构中占据一席之地。但是欧美的光伏发展经验告诉我们，单纯依赖政府补贴和贸易保护也是不够的，所以政府的支持是新能源产业的成功的必要不充分条件。政策降低产业进入门槛，同时减少了企业的市场风险和财务成本，但是政府无法帮助企业在不断变化的市场中锻炼出综合竞争力。市场的优胜劣汰加速了效率的提升，矫正重复建设和产能过剩，阶段性的市场出清有利于产业长期健康发展。

5. 高水平对外开放合作，畅通内外循环

我国想要实现"双碳"目标，必须对国内、国际发展形势进行统筹思考，既要打通国内的资源市场，又要打通国外的资源市场，畅通内外循环，具体来看要做到以下四点。

- 立足国内、放眼全球，积极参与国际规则的制定，对"双碳"目标的实现路径与发展进度进行有效协调。
- 鼓励相关企业积极引进先进的碳减排技术与经验，促进能源改革、创新与发展，持续推进能源转型。
- 增进各国间的信任与合作，围绕人才培养与技术交流畅通渠道，拓展发展空间，在国际舞台上主动承担责任，体现大国担当。
- 面向全球市场建立绿色贸易体系，对高耗能高排放产品的出口进行严格限制，鼓励新能源技术和产品出口，提高绿色低碳产品和节能环保服务在出口产品与服务中的占比。

第二篇　新能源革命:面向21世纪的终极能源

第5章
新能源：全球主流的绿色能源技术

风能：人类理想的清洁能源

风能（Wind Energy）是空气在运动过程中做功产生的动能，是由太阳能转化而来的。因为太阳对地表的辐射使地表的不同位置形成了不同的温度，产生了温差，温差导致大气出现压强差，使得空气在气压的作用下从一个地方向另一个地方水平运动，从而产生了风。风能像水能一样属于可再生清洁能源，广泛存在于地球表面，储量丰富，但不够稳定，且风能密度只有水能密度的1/800。在技术水平足够高的前提下，风能也能够成为关键的能源被充分开发利用起来。

我国是一个具有丰富多样的能源资源的国家。由于风能具备资源丰富、分布广泛、清洁可利用等特性，国家政策也开始向风力发电倾斜，为我国风电技术的进步提供了政策保障，风电装机容量的稳步提升也为我国绿色电力事业的繁荣提供了支持。"碳中和"和"碳达峰"目标的确立也大大推动了我国能源结构的低碳转型进程，促使各企业更加积极地开发和利用风能等新能源。

1. 风力发电的特点

风力发电的特点主要体现在以下三个方面。

（1）风能是近乎无尽、清洁高效的新能源

风力发电可以持续，发电过程不会产生废水、废气等污染物，并且不需要使用燃料，不用支付燃料运输费用，虽然前期投入较大，但后期基本无投入，经济效益较高。

（2）风力发电受地域限制，并非所有地方都能修建风力发电站

只有将风力发电站建在风速快、持续时间长的风能资源丰富的地区才能充分发挥作用，而一个地区风力资源是否丰富主要受当地地形地貌的影响。

（3）风力发电受季节影响较大

正因如此，风力发电注定无法在发电系统中占据首要地位。风力发电主要适用于两种情况，一种情况是能源利用，也就是将风力发电机组联网运行，有风就发电；还有一种情况是在电网铺设不到的高山和海岛等地区因地制宜地利用风力发电，在有风的时候使用风力发电，没有风的时候使用柴油发电。

2. 风力发电的原理

风力发电系统是由风力机和发电机构成的，而发电机又由更小的机头、转体、尾翼叶片等部件构成。风力发电的基本原理就是把不同温度下空气流动产生的动能通过风能设备转化成电能。风力发电的过程就是能量转化的过程，在风力的作用下带动叶片旋转，再通过增速机提升叶片的旋转速度从而产生更多动能，最后再将风力带来的动能转化成机械能带动发电机工作产生电能。

在风力发电系统中，每一部分都能发挥自己的作用。例如，叶片能够接受风力；机头能够将风能转化成电能；尾翼能为叶片调整方向，使叶片

永远朝向风来的方向,最大限度地获取风能;转体能够灵活地调整尾翼的方向;机头的转子能够借助自身永磁体的材质切割磁力线产生电能。

风力发电主要有独立运行和风力并网发电两种形式。小型风力发电系统大多是独立运行的,通常情况下,单台装机的容量不超过 10kW,大多数在 100～5000W 之间。

小型风力发电机输出的主要是电压在 13～25V 之间的交流电,因此,要想将风力发电机输出的电能转变为能稳定使用的 220V 的市电,就要在充电器整流后对蓄电瓶充电,再进行逆变电源。

3. 风力发电的优缺点

风力发电的优缺点如表 5-1 所示。

表 5-1 风力发电的优缺点

优缺点	风力发电
优点	（1）清洁能源,环境效益好 （2）可再生资源,取之不尽,用之不竭 （3）建设周期短,投资成本低 （4）装机规模可大可小
缺点	（1）产生噪声污染和视觉污染 （2）占地面积大 （3）稳定性差,难把控,应用成本高

我国风力发电产业在快速发展的同时也出现了各种各样的问题,一方面,我国在风力发电机组的核心设计和制造方面的技术还不够成熟,生产和使用的各个零部件还不够精细;另一方面,我国风力发电规划和电网规划之间存在偏差,风电技术的标准还有待提高。针对这些问题,我国需要继续进行自主研发,尽快掌握核心技术,逐步建立起完善的风力电网,规范风电开发,政府也要在资金和政策上予以支持,确立完备的风电发电的标准。在经过坚持不懈的努力之后,我国风电产业发展将会再上新台阶。

核能：保障核能安全利用

随着核能利用技术不断发展，核能发电已经成为低碳发电的一种重要方式。根据图解数据网站 Virtual Capitalist 发布的全球核能信息图，全球现有 448 座核电站处在运行状态，核能发电为全球贡献了 10% 的电量。

按照现有的技术路径，核能发电主要有两种方式，一种是核裂变发电，另一种是核聚变发电，其中核裂变发电技术已经比较成熟，目前发展到了第三代，呈现出更安全、更经济、核燃料利用率更高、废弃物产生更少的特点，核聚变发电技术尚处在研究阶段。

近年来，国内外核能利用技术快速发展，小型堆技术引起了广泛关注。小型堆的全称是小型先进模块化多用途反应堆，具有用途多、体积小、安全性高的特点。用途主要体现在小型堆不仅可以用来发电，而且可以为工业企业供热供气，为城市供暖，淡化海水，生产同位素等。

1. 核能发电的优势

核能发电的优势主要体现在两个方面，一是发电成本低，二是环境污染小，具体分析如下。

（1）发电成本低

核能发电使用的主要燃料是铀，这种燃料的能量密度非常高，是化石燃料能量密度的几百万倍，所以只需极少量的铀就可以满足大规模的发电需求。据统计，一座 1000 百万瓦的核能电厂一年只需要 30 吨的铀燃料，一航次的飞机就可以完成运送。因此，在核能发电的成本结构中，燃料费占比极低，而且铀燃料的成本受国际经济形势的影响比较小，不会轻易地发生较大改变，使核能发电的成本比较稳定。

（2）环境污染小

传统的火电站需要燃烧大量煤炭，会不断地向大气中排放二氧化碳、二氧化硫、氧化氮等，加剧温室效应，同时煤炭燃烧还会释放少量的铀、钍和镭等放射性物质，加剧火电站周围的环境污染。核电站使用的铀不会产生二氧化碳、二氧化硫等污染物，不会加剧温室效应，即便会产生一些放射性污染物，这些污染物在排放之前也会经过层层处理，并且不会外溢，污染性比火电站低很多。

2. 核能发电面临的挑战

核能发电面临的挑战表现在两个方面，一是对社会认知的挑战，二是对环境的挑战，具体分析如下。

（1）对社会认知的挑战

在碳减排背景下，世界各国都要减少火电站的数量，大力发展清洁电能。而太阳能发电、水电、风电等深受地理环境以及气候条件的影响，不太稳定。在这种情况下，稳定且清洁的核能发电就受到了广泛关注。一方面，人们需要核电来满足经济社会发展对清洁电能的需求，另一方面人们又担心核辐射问题。虽然随着技术不断发展，核能发电的安全性已经得到了大幅提升，但以往发生的核泄漏事件仍让人们对核能发电心存担忧。

（2）对环境的挑战

虽然核能相对清洁，但不代表核能的使用不会对环境造成污染。而且相较于煤炭燃烧产生的大气污染来说，核能利用产生的放射性污染的危害性更强。例如，铀矿资源在开发过程中会产生废水、废渣，会造成一定程度的环境污染；铀尾矿处理不当会污染附近的水体与农田，严重的情况下会对整个自然系统以及社会环境造成危害。当然，核能发电最严重的污染就是核泄漏，核泄漏会给当地的环境、居民造成巨大的灾难。因此，想要避免核能发电对环境的危害，必须加强管理，对放射性核废料进行科学处置，保证核能开发使用的安全性。

自 21 世纪以来，为了顺应能源低碳化发展趋势，美国、中国、俄罗斯等核能大国都在积极扩大核能利用范围，建设了很多小型堆。例如，在我国，国家电力投资集团在齐齐哈尔建设核能供热小堆，用核能代替传统的煤炭供居民取暖，实现冬季取暖的零碳化；比尔·盖茨创办的核技术公司泰拉能源也在积极筹划建造小型核电站，用核电弥补太阳能发电、风能发电的不稳定性缺陷。

随着技术不断发展，尤其是超导材料、量子计算机等技术快速发展，可控核聚变技术有望取得重大突破。例如，我国的"人造太阳"在 2021 年 5 月 28 日创造了新的世界纪录，实现可重复的 1.2 亿摄氏度 101 秒和 1.6 亿摄氏度 20 秒等离子体运行。这一记录证明核聚变能源的可行性，为核聚变能源的商用奠定了重要的物理基础与工程基础。如果核聚变电站能够成为现实，将为人类带来更丰富的能源。

海洋能：未来的"蓝色"能源

海洋能指的是海洋通过各种物理过程接收、储存、散发的能量，包括潮汐能、波浪能、温差能、盐差能、海流能等，具有可再生、污染小的特点。海洋能的利用指的是借助特定的方法与设备将海洋能转换为其他可以利用的能量，例如电能。作为一种可再生的新能源，在"双碳"背景下，海洋能的开发利用具有重要的战略意义。具体而言，海洋能包括以下几种类型，如图 5-1 所示。

图 5-1 海洋能的主要类型

1. 潮汐能

潮汐能指的是海水随着潮汐运动上涨、回落形成的势能,势能大小主要受潮量和潮差的影响。潮量越大、潮差越大,潮汐能就越大。潮汐能的利用方式主要是发电,其原理与水力发电相似,但由于潮汐能的能量密度比较低,与微水头发电的水平相差无几。

具体来看,利用潮汐能发电首先要修建贮水库,涨潮时利用贮水库贮存海水,将海水的势能保存下来,落潮时释放海水,利用潮位之间的落差推动水轮机旋转,进而带动发电机发电。贮水库的水位越高,水的流量越大、落差越大,潮汐电站的功率就越高。但由于潮汐作用在实时发生,贮水库的水位和海洋的水位在不断变化,所以设计人员在设计潮汐电站的水轮发电机组和电站系统时要考虑变工况、低水头、大流量等因素,同时要预防海水腐蚀。总而言之,潮汐能电站的设计要比常规的水电站复杂很多,效率也比较低。

2. 波浪能

波浪能指的是海水运动产生的波浪所具备的动能和势能,其能量大小与波高、波浪的运动周期以及迎波面的宽度有关,波高越高、波浪的运动周期越小、迎波面越宽,波浪能就越大。在台风环境下,每米迎波面的波浪能的功率能够达到数千千瓦,但受技术条件限制,这种波浪能还无法使用。目前能够使用的波浪能主要集中在海岸附近,功率密度普遍较小,波浪能丰富的欧洲北海地区的平均波浪功率密度大约为 $20 \sim 40kW/m^2$,中国海岸的平均波浪功率密度只有 $2 \sim 7kW/m^2$。波浪能的主要利用方式还是发电,除此之外还可以用来抽水、供热、淡化海水、制氢等。

3. 海流能

海流能指的是海水流动产生的动能,包括海底水道与海峡中比较稳定的海水流动和受潮汐影响产生的有规律的海水流动,其能量主要受海水流动速度与流量的影响。海水的流动速度越快,流量越大,海流能的能量就越高。相较于波浪能来说,海流能相对稳定,会呈现有规律的变化。海底水道与海峡中的海流能,只要最大流速超过 2m/s 就可以开发;潮汐引发的海流能,能量大小与方向每天会发生两次改变,非常有规律。

海流能的主要利用方式也是发电,其原理与风力发电相似,而且海流能发电装置可以通过改造风力发电装置获得。但由于海水的密度比空气的密度高很多,而且海流能发电装置必须放在水下,所以需要考虑抗压、抗腐蚀、安装维护的便利性、电力输送的安全性等一系列问题。此外,从固定方式与透平设计来看,海流能发电装置与风力发电装置存在很大差异,海流能发电装置可以固定在海底,也可以固定在浮体的底部,利用锚链对浮体进行固定。对于设计人员来说,海流能发电装置的透平设计也是一大挑战。

4. 温差能

温差能指的是海洋表层海水与深层海水因为温度不同产生的热能。海洋表面的海水吸收太阳辐射温度升高，以热水的形式存储在海洋上层，同时温度接近冰点的深层海水缓慢地从极地向赤道方向大规模地流动。在这种情况下，热带或亚热带海域就会形成20℃以上的垂直海水温差，这种温差可以形成热力循环。

温差能的开发利用方式有很多，借助温差能装置可以建立海上独立生存空间，以这个空间为基础可以进行发电、淡化海水、采矿、打造海上城市或者海上牧场等一系列活动。总而言之，温差能的利用空间非常广阔，值得深入探索。

5. 盐差能

盐差能指的是海水与淡水之间或者两种含盐浓度不同的海水之间产生的化学电位差能，是一种以化学能形态呈现的海洋能，主要存在于海洋与河流的交汇处。除这个位置外，淡水含量比较丰富的盐湖与地下盐矿也存在盐差能。在各种类型的海洋能中，盐差能的能量密度最大。

一般来说，盐度35‰的海水与河水之间盐差能的能量密度相当于240m的水头差的能量密度，可以通过在海水与淡水的交接处安装半渗透膜来获得这种位差，这种位差产生的势能可以驱动水轮发电机发电，这也是盐差能利用的主要方式，其基本原理是将含盐度不同的海水之间的化学电位差能转换成水的势能，驱动水轮机发电。转化方式包括渗透压式、蒸汽压式和机械—化学式，其中渗透压式应用范围最广。

生物质能：唯一可再生的碳源

生物质能指的是太阳能以化学能的形式贮存在生物质中的能量，主要来源于绿色植物的光合作用，广泛蕴藏在植物、动物和微生物等有机物中，涵盖了除矿物燃料以外的所有来源于动植物的能源物质，包括木材、森林废弃物、农业废弃物、水生植物、油料植物、城市和工业有机废弃物、动物粪便等。

因为生物质能来源于太阳能，所以从广义上看，生物质能可以看作某种形式的太阳能，是地球上现存的唯一一种可再生的碳源。由于生物质能可以转化为常规的固态、液态和气态燃料，实现循环利用，所以引起了广泛关注。目前，很多国家都在致力于生物质能的开发与利用。

1. 生物质能的分类

生物质能可以分为以下几种类型，如表 5-2 所示。

表 5-2 生物质能的六种类型

类型	具体内涵
林业资源	林业生物质资源指的是林业生产过程中产生的生物质能源，包括薪炭林，森林间伐产生的树枝、树叶、木屑、零散木材，木材加工过程中产生的枝丫、锯末、木屑、梢头、板皮和截头，树木果实脱落产生的果壳和果核等
农业资源	农业生物质能资源非常丰富，包括涵盖了农作物以及所有能源作物在内的农业作物，例如草本能源作物、水生植物等；玉米秸、高粱秸、麦秸、稻草、豆秸和棉秆等农业生产过程中产生的废弃物；稻壳等农业加工过程中产生的废弃物等
生活污水和工业有机废水	生活污水包括冷却水、洗浴排水、盥洗排水、洗衣排水、厨房排水、粪便污水等；工业有机废水指的是酒精厂、酿酒厂、制糖厂、食品厂、制药厂、造纸厂及屠宰厂等排放的富含有机物的废水
城市固体废物	城市固体废物包括居民倾倒的生活垃圾，商场、超市、饭店等商业、服务业产生的固体废物，以及少量建筑垃圾，构成比较复杂
畜禽粪便	畜禽粪便可以看作粮食、农作物秸秆和牧草等的转化形式，不仅包括禽畜排泄的粪便，还包括尿液与垫草等物质
沼气	沼气是利用生物质能产生的一种可燃性气体，可以用来取暖、照明、做饭等

2. 生物质能的特点

生物质能主要有以下四大特点，具体分析如下。

（1）可再生性

生物质能是通过植物的光合作用获取的，具有可再生的特点，储藏丰富，可以实现永续利用。

（2）低污染性

生物质能中的硫含量、氮含量比较低，燃烧不会产生太多氮氧化物与硫氧化物。因为生物质能在生长过程中会消耗二氧化碳，其燃烧排放的二氧化碳可以与生长期消耗的二氧化碳达成平衡，所以生物质能燃烧产生的碳排放接近于零。

（3）广泛分布性

生物质能类型多样，广泛分布于我国各个地区。

（4）燃料总量十分丰富

生物质能是仅次于煤炭、石油和天然气的第四大能源。生物学家估算，海洋的生物质能产量大约为 500 亿吨/年，陆地的生物质能产量大约为 1000 亿～1250 亿吨/年，这些能量相当于目前世界总能耗的 10 倍。我国可以开发的生物质能源总量相当于 8.37 亿吨标准煤，可以满足全国 20% 的能源消费需求。随着农林业不断发展，炭薪林的种植范围不断扩大，我国可开发的生物质资源将越来越多。

3. 生物质能的利用途径

目前，生物质能的利用方式主要有三种，分别是直接燃烧、热化学转换和生物化学转换。其中，直接燃烧是生物质能最主要的利用方式，而且这种利用方式还将持续很长时间。目前，在农村新能源建设过程中，用热效率 20%～30% 的节柴灶取代热效率只有 10% 的传统烧柴灶是一项重点任务，节柴灶的推广应用可以有效提高能源利用效率，实现节能减排。

生物质能的热化学转换指的是在特定的温度和条件下，采用特定的方式促使生物质气化、炭化、液化，获得气态燃料、液态燃料和化学物质的过程。生物质能的生物化学转换主要有两种方式，一种是将生物质转换为沼气，另一种是将生物质转化为乙醇。前者指的是将有机物质置于厌氧环境中，利用微生物发酵获得沼气的过程；后者指的是对糖质、淀粉和纤维素等原料进行发酵获得乙醇的过程。

地热能：来自地球深处的新能源

地热能是一种储藏在地层深处的绿色能源。随着地热能开发利用技术不断成熟，地热能已经在110多个国家得到了开发利用，开发利用率以年均12.8%的速度增长。冰岛在地热能利用方面做出了很好的示范，已经利用地热能解决了全国一半以上居民的取暖问题。意大利是世界上第一个用地热能发电的国家，早在20世纪60年代，意大利就利用地热能发电点亮了电灯。

我国地热能储量非常丰富，根据自然资源部发布的数据，我国主要沉积盆地地下2000米以内储藏的地热能相当于2500亿吨标准煤的热量，每年可以利用的地热水大约为68.45亿立方米，相当于3284.8万吨标准煤的热量。目前，我国每年利用地热能水资源约4.45亿立方米，这个数字仍在以年均10%的速度增长。

我国利用地热能的时间非常早，甚至可以追溯至先秦时代人们对温泉的开发与利用。近代以来，我国地热能的大规模利用开始于20世纪50年代，主要是对温泉资源的开发与利用，相继建立了一大批温泉疗养院；20世纪70年代初，我国地热能的开发与利用进入多元化阶段，开始利用地热能发电、取暖。从 20 世纪 90 年代开始，我国对地热能的利用进入高速发展阶段。

根据国家地热能中心公布的数据，截止到 2020 年，我国地热直接利用装机容量达到了 40.6 吉瓦，占全球 38%，其中地热供暖装机容量 7 吉瓦，地热热泵装机容量 26.5 吉瓦。我国利用地热能供暖制冷的面积达到了 13.9 亿平方米，其中水热型地热能供暖 5.8 亿平方米，浅层地热能供暖制冷 8.1 亿平方米，每年可以减少 6200 多万吨二氧化碳排放，相当于减少 2500 万吨标准煤用量。下面对地热能利用的四种方式进行具体分析，如图 5-2 所示。

图 5-2 地热能利用的四种方式

1. 地热发电

在我国，地热发电主要适用于藏南、川西、滇西等富含高温地热资源的地区，预计可装机容量 600 万千瓦。我国地热发电开始于 20 世纪 70 年代，起初是在广东丰顺、河北怀来、江西宜春等地建设了一系列中低温地热发电站，从 1977 年开始，又陆续在西藏等地建设了中高温地热发电站。截止到 2020 年底，我国地热发电装机容量为 34.89 兆瓦，相比世界其他国家还有一定差距。根据国家能源局印发的《关于促进地热能开发利用的若干意见》，到 2025 年，全国地热能发电装机容量比 2020 年翻一番；到 2035 年，地热能发电装机容量要比 2025 年翻一番。

2. 地热供暖

地热供暖指的是直接利用地热采暖、供热水，利用方式简单、空气污染小、运作成本低、资源综合利用收益高，再加上蓬勃发展的热泵技术，为地热资源的开发与利用提供了方便。于是，在常规资源比较短缺的地区，地热资源开发受到了高度关注。

我国利用地热供暖、供热水的发展速度比较快。一些地热资源丰富的地区已经可以借助热泵技术，利用常温地下水实现冬季供暖、夏季制冷、四季供应生活用热水的"三联供"。例如，截至2020年底，天津市登记在册的地热开采井343眼，年开采量4372万立方米，供热面积约3422万平方米；浅层地热开发利用工程279个，供热面积约835万平方米，在地热供暖领域做出了有益示范。

3. 地热医疗

热矿水富含一些特殊的化学元素，是一种宝贵的资源，具有一定的医疗作用，所以地热在医疗领域的应用也受到了广泛关注。我国利用热矿水治疗疾病的历史非常悠久，再加上我国拥有丰富的温泉资源，因此充分发挥地热在医疗领域的作用，大力发展温泉疗养行业，也是地热资源利用的一个主要方向。

4. 地热务农

地热在农业领域也有广阔的应用前景，例如利用温度适宜的地热水灌溉农田，可以缩短农作物的生长周期，提高农作物的产量；利用地热水养鱼，将鱼塘的水温控制在28℃左右，可以加速鱼的育肥，提高鱼的出产率；利用地热建造温室大棚来种菜育秧；利用地热给沼气池加温，加速发酵，提高沼气产量。总而言之，地热在农业领域的应用方式有很多。目前,我国北京、天津、西藏和云南等地建造了很多地热温室,西藏地区利用地热建造温室大棚,为当地蔬菜生产做出了重要贡献。

随着地热利用技术快速发展,人们能够勘测到的地热资源将越来越多,地热利用方式也将越来越多,地热利用将进入飞速发展阶段。

太阳能:光伏发电技术原理与应用

太阳能是太阳内部氢原子发生氢氦聚变释放出巨大核能而产生的能量,地球上的太阳能资源非常丰富。据统计,太阳辐射到地球表面的能量有17万亿千瓦,相当于全球能源消耗量的3.5万倍。凭借储量大、可再生、清洁无污染等优点,太阳能在世界各国得到了广泛应用,目前主要的应用方式有两种:一种是太阳能发电,将光能转化为电能;另一种是太阳能热水器,将光能转化为热能。随着光伏发电技术不断发展,太阳能发电技术有着广阔的应用前景。

目前,太阳能发电技术主要分为两种,一种是太阳能光发电技术,另一种是太阳能热发电技术,具体分析如下。

① 太阳能光发电技术指的是利用发电技术将太阳能转化为电能,包括光伏发电、光化学发电、光感应发电、生物发电等多种方式,其中光伏发电技术应用最广。

② 太阳能热发电技术指的是利用特定的技术将太阳能转化为热能,再将热能转化为电能。经过长时间的研究与发展,太阳能热发电技术形成了比较成熟的发电技术和发电系统,例如塔式太阳能热发电系统、槽式太阳能热发电系统、碟式太阳能热发电系统。

1. 太阳能光伏发电的技术原理

太阳能光伏发电的核心技术是光伏发电系统，该系统包括四大结构，分别是光伏电池板、蓄电池、控制器和逆变器，不同的结构承担着不同的功能。其中，光伏电池板是整个系统的核心部件，由一系列太阳能电池组合而成，主要功能是将太阳能转换为电能。根据使用的材料不同，太阳能电池可以划分为四种类型，分别是硅基光伏电池、化合物光伏电池、聚合物光伏电池、纳米晶光伏组件。

太阳能电池产生电源的基本原理是"光生伏特效应"❶。太阳能电池的结构比较特殊，感受到太阳光线或其他光源时，会吸收这些光线形成光生电子—空穴对。在特殊的化学反应的作用下，光生电子与空穴会发生离散，异号电荷不断积累，在电池两端集中分布，从而产生"光生电压"，从而产生"光生伏特效应"。

2. 太阳能光伏发电技术的应用场景

太阳能光伏发电技术主要有四大应用场景，具体分析如下。

（1）光伏建筑一体化

光伏建筑一体化可以实现光伏器件与建筑材料的集成应用，减少光伏发电的成本，扩大光伏发电技术的应用范围。目前，光伏建筑一体化的主要应用就是太阳能屋顶，也就是在建筑物的顶部安装太阳能电池板，然后利用控制器与逆变器与公共电网相连，形成户用光伏并网发电系统，既可以向住户供电，还能将多余的电源并入电网，增加电网的电力供给。这种供电方式不仅稳定可靠，而且清洁环保。随着相关技术不断发展，太阳能电池的转换率将得到大幅提升。

---

❶ "光生伏特效应"（Photovoltaic effect）：指的是半导体在受到光照射时产生电动势的现象。

（2）在照明领域的应用

太阳能在照明领域的应用可以在一定程度上取代电力，减少电力消耗，实现节能减排。太阳能照明系统由四部分构成，分别是太阳能电池板、蓄电池、节能灯具和灯杆。目前，太阳能照明系统已经在我国建筑行业、交通系统实现了广泛应用，例如太阳能路灯、太阳能楼道灯等。太阳能灯的控制系统具有光伏系统的功能，可以自动控制照明开关，可以通过定时或者光控的方法对工作时间进行有效控制。

（3）太阳能水泵

太阳能水泵主要借助太阳能电池板来实现运行，不需要使用蓄电池。但是大型的光伏水泵站会安装逆变器，将太阳能电池板的直流电转换为交流电，满足水泵工作对电能的需求。虽然光伏水泵系统的建造成本比较高，但运行成本比较低，而且生命周期比较长，总体来看经济效益比较好。

（4）太阳能与 LED 光源相结合

半导体技术以及固体物理技术的快速发展催生了固体光源 LED，这种光源的能耗比较低、使用寿命比较长、响应速度比较快、光效比比较高、对环境的污染也比较小。未来十年，在灯源市场上，固体光源 LED 将占据主导地位。

在全球能源转型过程中，光伏发电技术的广泛应用意义重大。世界上有很多太阳能资源丰富的国家和地区，电力需求旺盛，愿意在能源基础设施建设领域投入大量资金，非常适合建造光伏发电系统，不仅可以以更低的成本满足快速增长的电力需求，而且不会产生碳排放，几乎做到了零污染，非常符合节能减排的发展趋势。对于这些国家和地区来说，我国低成本的光伏发电技术非常值得学习。

第 6 章
氢能源：第三次能源革命的临界点

氢能革命：重构全球能源格局

在能源转型背景下，清洁、安全、高效、可持续、可以通过多种途径获取的氢能被誉为"21世纪的终极能源"，被视为"最理想的能量载体"。在我国的能源革命中，氢能是一种非常重要的媒介，氢能的应用一方面有助于"双碳"目标的实现，另一方面有利于保证我国的能源安全。氢能的应用范围非常广，可以在交通运输、工业燃料、发电等领域实现广泛应用，可以很好地实现对传统能源的替代。目前，氢能的应用技术主要有两种，一种是直接燃烧，另一种是燃料电池技术。

根据国际氢能委员会的预计，到2050年，氢能将满足全球18%的能源终端需求，市场价值超过2.5万亿美元。在全球汽车市场上，以氢能为燃料的电池汽车的占比将达到20%～25%。氢能将与汽油、柴油并列，在终端能源消费体系中占据重要地位。

根据中国氢能联盟的预计，2050年，在我国终端能源体系中，氢能的占比至少要达到10%，氢气需求量有可能达到6000万吨，其中19%将用来满足交通运输领域的需求，以氢能为燃料的燃料电池车的年产量将达到520万辆。

在"双碳"背景下,世界各国都面临着节能减排的压力。与太阳能、风能、海洋能等自然资源不同,氢能可以持续稳定地获取,而且比核能更安全。于是,氢能就凭借清洁无污染、利用效率高、应用场景丰富等优势受到了广泛关注。为了推进氢能产业发展,欧美日韩等都出台了相关的战略法规与支持政策,并规划了氢能产业发展路线,吸引企业、机构、个人持续在氢能行业投资。

在上述国家的氢能产业发展规划中,交通运输领域被定义为氢能的主要应用场景。部分国家还围绕氢能在工业、建筑、电力等行业的应用制定了发展目标,如表6-1所示。在各国政府发布的氢能产业发展计划中,乘用车、车辆加油站、公共汽车、电解装置、卡车是五个重点领域。此外,还有国家发布政策为氢能在建筑供暖、供电、发电、工业领域的应用提供支持与助力。

表6-1　2019~2020年主要国家氢能战略/路线图

国家	战略/路线图	重点发展领域	发展目标
日本	《氢/燃料电池战略路线图(2019年)》	着眼于三大技术领域:燃料电池技术领域、氢供应链领域和电解技术领域,确定将包括车载用燃料电池、定置用燃料电池、大规模制氢、水制氢等10个项目作为优先领域	第一阶段,到2025年,快速扩大氢能使用范围;第二阶段,2020年中期到2030年底,全面引入氢发电,建立大规模氢能供应系统;第三阶段,从2040年开始,建立零碳供氢系统
韩国	《氢能经济发展路线图(2019年)》	重点在氢燃料电池汽车、加氢站、氢能发电、氢气生产—运输—存储、安全监管等方面采取措施	2040年:累计生产620万辆氢燃料电池汽车,建成1200座加氢站;普及发电用、家庭用和建筑用氢燃料电池装置;使氢气年供应量达到526万吨,每千克价格降至3000韩元

续表

国家	战略/路线图	重点发展领域	发展目标
澳大利亚	《国家氢能战略》(2019年)	战略确定57项联合行动,涉及相关的出口、运输、工业使用、天然气网络、电力系统等方面,以及诸如安全、技术、环境影响等跨领域发展的氢能问题	2030年:澳大利亚将进入亚洲氢能市场的前三名,成为有国际影响力的氢能出口国
美国	《美国氢经济路线图》(2019年)	2020—2022年实现氢能在小型车、叉车、分布式能源、家用热电联产、碳捕捉等领域的应用	2030年:氢需求量将突破1700万吨,有530万辆氢燃料电池汽车在路上,在物料搬运领域有30万辆氢燃料电池汽车,在全国有5600个加氢站
荷兰	《国家氢能战略》(2019年)	从港口工业的大量复产氢着手,连接输气管网等基建,形成规模化输氢网络	2025年:将建成50个加氢站,15000辆氢燃料电池汽车和3000辆氢燃料电池重卡车 2030年:30万辆氢燃料电池汽车,电解槽容量达3~4吉瓦
德国	《国家氢能战略》(2020年)	确立绿氢的优先地位,主要应用于船运、航空、重型货物运输、钢铁和化工行业,大部分绿氢需求将通过进口得以满足	2030年将国内绿氢产能提升至5吉瓦,到2040年将绿氢产能提升至10吉瓦
俄罗斯	《氢能发展路线图》(2020年)	规划氢能产业上下游,将完全由传统能源企业主导,并通过天然气管网掺氢、改造现有天然气管道以建立氢气管网的方式向欧盟出口氢气	2024年:在俄罗斯境内建立一个全面涉及上下游的氢能产业链
法国	《法国发展无碳氢能的国家战略》(2020年)	未来十年投入70亿欧元发展绿氢,促进工业和交通等部门脱碳,助力法国打造更具竞争力的低碳经济	2030年:新建6.5吉瓦的电解制氢装置;发展氢能交通,尤其是用于重型车辆,减少600万吨二氧化碳排放;通过发展氢能直接或间接创造5万~15万个就业岗位

续表

国家	战略/路线图	重点发展领域	发展目标
葡萄牙	《国家氢战略》（2020年）	开发绿氢项目；加快运输、水泥、冶金、化工、采矿等行业的低碳转型，并建设联合实验室以开展绿氢技术研发	2030年：安装2.1吉瓦的电解槽；投入约70亿欧元开发绿色制氢项目
西班牙	《国家氢能路线图》（2020年）	计划将其中25%的绿氢用于工业领域，包括推动氢燃料公交车、轻型及重型交通工具发展，同时将开发两条商业用途的氢燃料火车线路，在国内前五大机场及交通枢纽安装氢动力机械，并将建设至少100座加氢站	2030年：安装40吉瓦的电解槽；25%的工业氢来自可再生能源；至少有150辆氢能源公交车，5000辆轻型、重型汽车及2条氢能动力火车线路

纵观全球，日本是一个非常重视氢能产业发展的国家，已经将"构建氢能社会"列入国家发展战略。为了实现这一目标，日本先后发布了很多战略和计划，包括2013年发布的《日本再复兴战略》、2014年发布的第四版《能源战略计划》和《日本氢和燃料电池战略路线图》以及2017年发布的《氢能源基本战略》。2019年4月，日本发布第五版《能源基本计划》，提出到2025年氢能源汽车保有量要达到20万辆，到2030年氢能源汽车保有量要达到80万辆。

2020年7月，欧盟委员会发布《欧盟氢能战略》，宣布成立清洁氢能联盟，并确定在氢能发展过程中绿氢的重要地位。其实早在2020年6月，德国就发布了《德国国家氢能战略》，同样明确了氢能的重要地位，并计划到2030年将绿氢产能提高至5吉瓦，到2040年将绿氢产能提高至10吉瓦。

2015年，俄罗斯能源部发布《2035年前俄罗斯能源战略草案》，明确了氢能在能源行业的重要战略地位，希望通过提高氢气产能让俄罗斯在2035年成为全球重要的氢能经济国家。2020年，俄罗斯能源部发布了第一份氢能战略发展路线图，提出要在2024年之前建立一个由传统能源企业主导的，涵盖了上下游的氢能产业链，让氢气像天然气一样通过管道出口至欧洲国家，将氢气打造成继天然气之后的又一重要出口能源。需要注意的是，俄罗斯制取氢气的方式与其他国家有所不同，不是通过可再生能源水解方式制备，而是通过天然气裂解、天然气高温催化裂解、核电水解等方式制备。

2019年，我国《政府工作报告》首次录入"氢能源"，并将氢能纳入我国的能源体系，开启了氢能发展元年。2021年4月21日，在"十四五"氢能产业发展论坛上，中国氢能联盟组织编写的《中国氢能源及燃料电池产业白皮书2020》正式发布。据预测，到2050年，氢能在我国能源体系中的占比将达到10%，氢气的需求量可能接近6000万吨，年产值可能超过10万亿元。全国加氢站将超过10000座，燃料电池汽车的年产量将突破520万辆。

2022年3月23日，国家发改委发布《氢能产业发展中长期规划（2021—2035年）》，对我国氢能发展做出明确指示，并提出三个"重要"：①氢能是未来国家能源体系的重要组成部分；②氢能是用能终端实现绿色低碳转型的重要载体；③氢能是战略性新兴产业和未来产业重点发展方向。这样明确的顶层设计配合相关法律法规建立健全是对产业发展的重大政策利好。

除交通行业外，氢能的应用领域还有很多。例如在工业领域，氢能可以为水泥、化工等产业提供高品质的燃料和原料，助力这些产业节能减排，实现低碳化、零碳化发展；在建筑领域，氢能可以用来发电，也可以直接燃烧，以热电联产的方式满足居民住宅与写字楼的电热需求。未来，在"双碳"背景下，碳减排压力不断增加，氢气规模化应用成本不断下降，氢能将在建筑、工业能源等领域实现广泛应用。规划指出我国将有序推进氢能在交通领域的示范应用，拓展在储能、分布式发电、工业等领域的应用。

制氢：技术路线与工作原理

氢能产业链涵盖了制氢、储氢、运氢、加氢站等多个环节，下面我们先对制氢环节进行具体分析。目前，制造氢气的方法有很多，包括化石原料制氢、化工原料制氢、工业副产制氢、电解水制氢，如图6-1所示。

图 6-1　制氢的主要方法

1. 化石原料制氢

目前，化石原料制氢是一种主流的制氢技术，为全球贡献了96%的商用氢气。化石原料制氢指的是以煤炭、天然气、石油和页岩气等化石能源为原料，通过各种化学反应获取氢气，相关技术已经发展得比较成熟，制氢成本也比较低。由于我国的煤炭资源比较丰富，所以我国的化石原料制氢常用的原料是煤或者煤焦，通过重整反应获得包含 H_2 与 CO 的混合气体，然后通过净化和提纯获得 H_2。

目前，国际上主流的化石原料制氢使用的是以天然气和页岩气等以甲烷水蒸气为主要成分的原料。其中，天然气制氢的价格深受天然气价格的影响，而我国天然气储量较小，只有个别地区可以尝试天然气制氢，而且制氢成本要比煤气化制氢的成本高很多。

2. 化工原料制氢

化工原料制氢指的是以甲醇为原料，在一定温度和压力条件下，借助催化剂的作用发生裂解反应获得含有 H_2 和 CO 的混合气体。之后，CO

和水蒸气继续发生变换反应生成 H_2 和 CO_2，然后通过变压吸附去除 CO_2，获得高纯度的 H_2。相较于化石能源制氢来说，利用甲醇裂解技术获取氢气的技术难度更低，制氢过程更加稳定，不会产生污染物或有害气体，但制氢成本深受甲醇价格的影响，比化石能源制氢和工业副产物制氢的成本都要高。

3. 工业副产制氢

工业副产制氢指的是在工业生产的过程中，以富含氢气的终端废弃物或副产物为原料，采用变压吸附法回收提纯制氢。工业副产制氢有两种方式，一是焦炉煤气制氢，二是氯碱副产物制氢。

（1）焦炉煤气制氢

焦炉煤气中的氢气含量超过50%，而且含有大量甲烷，可以通过压缩、提纯、脱氧等工艺获得高浓度的氢气。但由于钢铁企业已经利用焦炉煤气开展烧结、炼铁和炼钢等活动，而且各个工艺流程已经十分成熟，所以以焦炉煤气为原料制取氢气的发展空间十分有限。

（2）氯碱副产物制氢

氯碱副产物制氢指的是通过对饱和NaCl（氯化钠）溶液进行电解的方式制取NaOH（氢氧化钠），获得 Cl_2 和 H_2 副产物。副产物中的氢气浓度超过99%，比较容易进行提纯。但目前，超过30%的副产物氢气没有得到充分利用，对氯碱行业氢气副产物进行回收利用可以充分满足国内的氢气需求，而且这种制氢方式的成本非常低。

4. 电解水制氢

电解水制氢的原理非常简单，就是将正负电极插入水中接通直流电，水中的氢离子会在阴极发生还原反应产生氢气，氢氧根离子在阳极发生氧化反应产生氧气。电解水制氢使用的技术设备比较简单，工艺流程比较稳定，制取的氢气纯度比较高，对环境的污染比较小。同时，在我国东北、华北、西北地区，大量风电、光伏电等可再生能源电力还没有实现并网，导致大量电能无法实现存储应用，弃风弃光不仅造成了能源浪费，而且加剧了设备损耗。因此，采用风能和太阳能等可再生能源发电，再进行电解制氢。

未来，化石能源制氢的地位将不断下降，可再生能源制氢将占据主流地位。随着社会发展对氢能的需求越来越大，制氢技术也将实现快速发展。为了促使氢能实现推广应用，技术人员要研发最具经济优势的制氢技术，努力降低制氢成本。

储氢：技术特点与优劣比较

氢元素的质量非常小，在常温常压状态下表现为气体，密度只有水密度的万分之一，高密度储存难度非常大。而氢气存储是氢气利用的一大前提，只有实现高密度存储氢，保证氢气在存储过程中的安全与稳定，才能促使氢气实现推广应用。目前，氢气的存储方式有很多，包括低温液态储氢、高压气态储氢、固体材料储氢和有机液体储氢，如图 6-2 所示。

图 6-2　储氢的主要方式

下面我们对以上几种储氢方式的优缺点进行简单分析。

1. 低温液态储氢

低温液态储氢有很多优点，最显著的优点就是液态氢的密度比较大，体积比较小，储运比较方便。但气态氢液化比较困难，每液化 1kg 的氢气需要消耗 4～10 千瓦时的电量。除此之外，液态氢想要实现稳定存储，必须使用抗冻、抗压、绝热的容器。这种容器制造难度比较大，成本比较高，而且氢气在存储过程中容易挥发，运输过程中存在一定的安全隐患。目前，在新能源汽车的车载系统中，低温液态储氢已经实现了广泛应用，但这种应用不太成熟，存在一定的安全隐患。

2. 高压气态储氢

高压气态储氢指的是利用高压将氢气压缩存储到一个耐高压的容器中。作为一种常用的储氢技术，高压气态储氢技术已经发展得比较成熟，在加氢站实现了广泛应用。美国、日本、欧洲的加氢站使用的是与汽车配套的 70MPa 压力标准，相关设备已经实现了批量化生产。其中，日本鼓励将车载氢瓶单次充气压力的安全上限值提升至 88MPa。目前，我国新建成的加氢站也开始广泛使用高压气态储氢技术，其中汽车（中国）常熟加氢站使用了 98MPa 全多层钢制高压储氢技术，实现了技术升级。

虽然高压气态储氢技术已经发展得比较成熟，而且实现了广泛应用，但该技术体积比容量小，没有达到美国能源部制定的目标，而且高压气态储氢可能导致氢气泄漏，引发爆炸，安全性较差。未来，高压气态储氢技术想要实现广泛应用，必须解决安全问题，向着轻量化、高压化的方向发展，同时要不断降低氢气的制取成本。

3. 固体材料储氢

固体材料储氢可以分为两种方式，一种是物理吸附储氢，另一种是化学氢化物储氢。在化学氢化物储氢领域，金属氢化物储氢技术比较简单，只要使用一种合适的金属氢化物，就能在常温以及不太高的压力下将氢气存储在金属氢化物中。金属氢化物储氢的优点在于储氢密度比较高，纯度比较大，存储方式比较安全。但目前，金属氢化物储氢技术尚处在试验阶段，还没有实现商业化应用。

4. 有机液体储氢

一些有机化合物可逆吸放大量氢，由于这种反应高度可逆，单位体积内储氢密度比较高，运输比较方便，而且可以长期稳定使用，被认为是一项非常适合用于储运氢能的技术。

有机液体的储氢密度比较高，体积比较大，常用的环己烷、甲基环己烷、十氢化萘等材料都符合要求。其中，环己烷和甲基环己烷在常温常压下以液体的形态存在，可以利用现有的汽油管道进行长距离运输，安全方便。催化加氢和脱氢反应具有可逆性，储氢介质可以循环使用，氢能可以长期存储，为能源短缺问题提供有效的解决方案。

但有机液体储氢有很多缺点，包括对技术操作条件有比较严苛的要求，对催化加氢和脱氢装置要求较高，导致制氢成本比较高；脱氢反应需要在低压高温非均相条件下进行，脱氢反应效率较低，制取的氢气纯度较差。再加上由于冷启动与补充脱氢反应能量需要燃烧一定的有机化合物，会产生一定的碳排放，无法满足二氧化碳净零排放的要求。

运氢：氢气输运的三种方式

在常温常压环境下，氢气总是以气体的形态存在，密度只有 0.0899 千克/立方米，遇热容易爆炸，属于 I 类危险品（非燃料），对运输安全有着极高的要求。目前，氢气的运输方式主要有三种，分别是气态运输、液态运输和固体运输，如图6-3所示。

图6-3 氢气运输的三种方式

1. 气态运输

高压气态运输有两种运输方式，一种是长管拖车运输，另一种是管道运输。其中，长管拖车运输主要适用于近距离运输，相关技术比较成熟。国内经常使用压力20MPa的长管拖车运输氢气，每辆车可以运输300千克的氢气。国外长管拖车运输氢气使用的是45MPa纤维缠绕高压氢瓶，单车可以运输700千克的氢气。

管道运输适用于大规模、长距离运输氢气，管道运行压力一般为1.0～4.0MPa，运输氢气的能耗比较低、成本比较低，但管道建造的成本比较高。目前，相较于欧美国家来说，我国还需要继续加强输氢管道建设。

2. 液态运输

氢气液态运输适用于大规模、长距离运输。其中，液氢罐车可以运输的氢气重量为7吨，铁路液氢罐车可以运输的氢气重量为8.4～14吨，专用液氢驳船可以运输的氢气重量能够达到70吨。由于运输量比较大，所以氢气液态运输可以减少车辆的运输频次，提高加氢站的单次供应能力。目前，在日本、美国，液态运输已经成为加氢站运输氢气的主要方式。在我国，液氢技术目前只在航空航天领域有所应用。

3. 固态运输

以镁基储氢材料为代表的轻质储氢材料的梯级储氢密度和质量储氢率都比较高，是氢气储运的理想装置。将低压高密度固态储罐作为随车输氢容器，然后在充氢和用氢场所放置加热介质和装置，实现氢气的快速充装，保证氢气运输的安全与稳定。

由于我国的氢能示范应用基地距离工业副产氢和可再生能源制氢地比较近，所以氢能储运以高压气态的储运方式为主。在氢气大规模应用前期，70MPa气态储氢运输是主流方式，低温液态储氢与固态储氢只起到辅助作用。在这个阶段，45MPa长管拖车、低温液氢运输、管道（示范）运输等氢气储运方式将协同发展。到2030年，也就是氢气大规模应用的中期，车载储氢将以气态储氢与低温液态储氢为主，多种储氢技术相互协同。到2050年，也就是氢气大规模应用的远期，我国将建成覆盖城市与乡村的氢气管网，车载储氢技术将实现进一步发展，储氢密度与储氢的安全性都将得到大幅提升。

加氢站：国内外加氢站的建设路径

自2017年以来，我国在氢能关键技术领域不断取得重大突破，氢能基础设施建设稳步推进，燃料电池开发应用技术快速发展，推动我国的氢能产业进入快速发展阶段。部分地方政府为了推动氢能产业发展出台了很多利好政策，使得氢能产业规模有了大幅提升，相关企业具备产业装备及燃料电池整车生产能力，实现了小规模全产业链应用示范，为氢能及燃料电池的大规模商用奠定了良好的基础。

目前，氢能产业在发展过程中遇到的一大挑战即基础设施不完善。氢燃料电池汽车想要实现大规模商用，必须有足够的加氢站作支撑。作为氢产业链的重要组成部分，加氢站在氢能推广应用，尤其是氢燃料电池汽车推广应用方面发挥着重要作用。

鉴于此，世界各国都在积极布局加氢站，我国也是如此。在政策鼓励下，我国加氢站数量不断增长，截至2021年10月，我国已建成的加氢站有170座，仅次于日本和德国，到2030年我国加氢站数量要达到1000座。但相较于氢能大规模商用产生的需求来看，我国还需要加大投入，全面推进加氢站建设与布局，增加加氢站的数量。

目前，加氢站主要有两种类型，如图6-4所示。

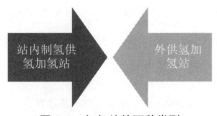

图6-4　加氢站的两种类型

1. 站内制氢供氢加氢站

站内制氢供氢加氢站配备了制氢设备，可以生产氢气，并对氢气进行压缩，实现对外加气。站内制氢的方法包括电解水制氢、天然气重整制氢、可再生能源制氢等，制取的氢气需要干燥、纯化，然后才能进行压缩、存储，供给车辆使用。在上述三种制氢方式中，电解水制氢和天然气重整制氢技术是两种常用的制氢技术，因为这两种技术使用的制氢设备自动化程度比较高，安装比较方便。

站内制氢供氢加氢站可以作为大规模加氢站的辅助设施，氢气价格主要受加氢站维护成本、电价、燃料价格等因素的影响，基础设施成本主要受装备生产能力的影响。

2. 外供氢加氢站

外供氢加氢站不配备制氢装置，氢气从制氢厂运输而来，运输设备主要是长管拖车、液氢槽车或氢气管道。氢气运输到加氢站之后利用压缩机进行压缩，注入高压储氢瓶内存储，最终通过氢气加气机加注到车辆中。外供氢加氢站可以细分为三种类型，一是高压外供氢加氢站，二是液氢外供氢加氢站，三是副产氢管道外供氢加氢站。

其中，高压外供氢加氢站的基础设施建设成本比较低，但氢气运输成本比较高，氢气价格深受运输距离的影响，主要适用于小规模加氢站。液氢外供氢加氢站由于相关技术不成熟，目前还没有推广使用，未来有可能成为主流的加氢站形式。副产氢管道外供氢加氢站可以利用工业副产氢，氢气的价格较低，但加氢站的位置不太容易选择。下面对各种加氢站的供氢技术路线进行对比，如表 6-2 所示。

表 6-2　加氢站供氢技术路线对比

项目	站内制氢供氢加氢站		外供氢加氢站		
	站内天然气重整制氢加氢站	站内电解水制氢加氢站	高压外供氢加氢站	液氢外供氢加氢站	副产氢管道外供氢加氢站
综合	对大规模加氢站是很好的补充	对大规模加氢站是很好的补充	适合规模在 125kg/d 以下	特别适用于大规模加氢站	对大规模加氢站是很好的补充
氢气配送成本	无	无	相对较高，价格受地点影响比较大	普通，范围灵活	普通，范围灵活
基础设施成本	取决于生产能力	取决于生产能力	较低	较高	较低

第 7 章
氢燃料电池：引领新能源汽车的未来

氢燃料电池的技术原理与分类

在"双碳"背景下，随着氢能产业得到广泛关注，氢燃料电池也吸引了众多目光。氢燃料电池可以通过电化学反应将氢气的化学能转换为电能，是氢能转化为电能的重要媒介。从结构上看，氢燃料电池包括正负两个电极和电解质，其中正负两个电极分别是氢燃料电极和氧化剂电极，在电解质隔膜两侧发生氢氧化反应与氧化还原反应，电子通过外电路做功产生电能。氢燃料电池只要有氢燃料和氧化剂注入就会源源不断地产生电能，在这种工作机制下，氢燃料电池打破了普通化学电池的特性，具备了内燃机的性能，可以极大地提高能源转换效率，减轻对环境的污染。

1. 氢燃料电池的技术原理

氢燃料电池的运行需要在负极加注氢气，在正极加注氧气，在正负极之间加设一个隔膜（电解质）。在催化剂的作用下，氢原子外层的电子会游离出来，变成独立的"电子+氢离子"。这个过程实现的关键是正负极之间的隔膜。隔膜只支持氢离子通过，将电子阻挡在外面。由于失去电子的氢离子就是一个裸露的质子，所以那层膜被称为"质子交换膜"。电子不能通过质子交换膜，所以会在膜的外侧聚集。如果在电子聚集的一侧连接一根导线，与氢燃料电池的正极相接，就能让电子通过外电路快速涌向正极，从而产生电流。

通过质子交换膜的氢离子在正极与氧气发生反应生成水并释放热量，水和热就是氢燃料电池的副产品。质子交换膜两侧的压差比较小，一般只有 0.5～1.0V。只要把"质子交换膜"叠加几百层，就能得到高电压。氢燃料电池中没有明火，但为了保证催化剂的活性，氢燃料电池工作的环境温度需要达到 65 摄氏度。当然，这个温度远远低于传统燃油汽车发动机的工作温度。

氢燃料电池将化学能转化为电能的效率能够达到 60%（如考虑排热利用可达 80% 以上），比内燃机的转化效率（40%）高很多。除了这种包含质子交换膜的氢燃料电池外，还有很多其他类型的氢燃料电池，它们的反应物与电解质各不相同。例如，航天用燃料电池使用氢氧化钾作为电解液。质子交换膜氢燃料电池是一种新型的氢燃料电池，出现的时间相对较晚。

2. 氢燃料电池技术路线对比

根据电解质的种类，氢燃料电池可以划分为碱性燃料电池、酸性燃料电池、熔融盐燃料电池、固体氧化物燃料电池和质子交换膜燃料电池五种类型，如表 7-1 所示。

表 7-1　氢燃料电池按照电解质分类

燃料电池的类型	碱性燃料电池	酸性燃料电池	熔融盐燃料电池	固体氧化物燃料电池	质子交换膜燃料电池
电解质	KOH	磷酸	碳酸锂、碳酸钾	钇稳定氧化锆 YSZ	含氟质子膜
电解质形态	液体	液体	液体	固体	固体

续表

工作温度/°C	50～200	150～220	650	900～1050	60～80
启动时间	几分钟	几分钟	＞10分钟	＞10分钟	＜5秒
应用	航天、机动车	电站、轻便电源	电站	电站、循环发电	机动车、电站、潜艇

根据双极板的不同，质子交换膜燃料电池可以分为金属双极板、石墨双极板以及复合双极板燃料电池三种类型，如表7-2所示。

表 7-2 氢燃料电池按照双极板分类

种类	材料	工艺方法	优点	缺点
石墨板	无孔石墨板、膨胀石墨板、柔性石墨板	采用石墨板机械加工	导电性高、导热性好、耐腐蚀性强、循环寿命好	易脆、组装困难、厚度难以做薄、石墨化时间长、机械加工难、成本高
金属板	基底材料：不锈钢、铝、钛、镍 表面涂层材料：碳基（石墨、导电聚合物、金刚石碳膜）、金属基（贵金属、金属碳化物、金属氮化物）	不锈钢、钛合金、铝合金等冲压成型	导电性好、导热性好、机械强度高、阻气性好、可批量化生产	易腐蚀、需表面改性、技术门槛高
复合板	多层复合型-分隔板：不锈钢、铝 多层复合型-流场板：石墨粉、碳粉与聚合物、树脂混合压制 复合材料型-树脂：热塑性树脂（聚乙烯、聚丙烯）、热固型树脂（酚醛树脂、环氧树脂） 导电填料：石墨粉、碳粉、炭黑 增强材料：碳纤维、碳纳米管、石墨烯	多层复合型：以薄金属为分隔板，有孔薄碳板为流场板，以极薄导电胶粘结 复合材料型：树脂混合石墨粉、增强材料等形成预制料，采用注塑或模压成型	力学性能好、耐腐蚀性强、质量轻，适合批量化生产	导电导热性能较差，机械强度一般，多层复合型工序复杂

金属板的优点在于轻薄、强度高、功率密度高，可以实现大规模量产，制造成本低，导电性能好，在低温环境中可以正常启动，缺点在于容易腐蚀，使用寿命较短。解决金属板使用寿命问题的关键在于涂层，所以目前金属板领域的研究重点就是优化涂层配方，攻克工艺难题，从而延长金属板的使用寿命。

氢燃料电池的关键零部件

相较于常见的锂电池来说，氢燃料电池的结构更加复杂，包括电堆和空压机、增湿器、氢循环泵等部件。在整个电池系统中，电堆是核心部件，主要由膜电极、双极板、端板、密封圈构成，其中膜电极和双极板构成电池单元，而膜电极的关键材料包括质子交换膜、催化剂、气体扩散层。电堆的使用寿命在很大程度上取决于这些材料和部件的耐久性。

近年来，在氢燃料电池技术领域，企业与机构的研究重点放在了电堆、膜电极、双极板、控制技术等方面。零部件的材质与结构不同，工作特性也不同，这些会在很大程度上影响氢燃料电池的工作性能与使用寿命。

1. 膜电极

膜电极（Membrane Electrode Assembly，MEA）是氢燃料电池系统的核心部件，其结构包括阴极扩散层、阴极催化剂层、电解质膜、阳极催化剂层和阳极扩散层，对氢燃料电池的功率密度、使用寿命有着直接影响。不同类型的氢燃料电池的质量比功率、面积比功率以及所使用的燃料种类也不同。

2. 质子交换膜

质子交换膜（Proton Exchange Membrane，PEM）的主要功能是传递质子，而阻隔气体及水，这就对质子交换膜的质子传导率、化学稳定性、机械稳定性提出了较高的要求。在理想状态下，质子交换膜要有较高的离子电导率，防止电子在传输过程中与氢气、氧气发生交叉。目前，国内外常用的质子交换膜主要有三种类型，分别是全氟磺酸型 PEM、部分氟化磺酸型 PEM、新型非氟聚合物 PEM，其中全氟磺酸型 PEM 的化学稳定性最好，使用范围最广，其优缺点如表 7-3 所示。

表 7-3 质子交换膜类型及优缺点

类型	优点	缺点	代表生产商
全氟磺酸型 PEM	机械强度高、化学稳定性好，在湿度大的条件下导电率高，低温时电流密度大，质子传导电阻小	高温时膜易发生化学降解，质子传导性变差，单体合成困难，成本高，用于甲醇氢燃料电池时容易发生甲醛泄漏	美国杜邦公司 Nafion 系列膜、美国陶氏化学公司 XUS-B204 膜、日本旭化成 Aciliex 膜、日本氯工程公司 C 膜、加拿大 Ballard 公司 BAM 型膜
部分氟化磺酸型 PEM	工作效率高、单电池寿命提高、成本低	氧溶解度低	加拿大 Ballard 公司 BAM3G 膜
新型非氟聚合物 PEM	电化学与 Nafion 相似，环境污染小、成本低	化学稳定性较差，很难满足高质子传导性和良好的机械性能	美国 DAIS 公司磺化苯乙苯—丁二烯/苯乙烯嵌段共聚物膜

3. 双极板

双极板（Bipolar plates，BPs）又叫集流板，主要功能是分隔反应气体、除热、排水，对电导率、导热性、气体致密性、机械和耐腐蚀性等性能提出了较高的要求。双极板会对氢燃料电池的体积、质量密度、制造成本造成一定的影响。目前，市场上广泛使用的电极板主要有三类，分别是无孔石墨双极板、金属双极板、复合材料双极板。无孔石墨双极板的导电性比较好，但脆性比较大，无法实现规模化生产，只能在短时间内使用；

金属双极板的优点在于强度高、韧性好、导电导热性好，缺点在于容易被腐蚀；复合材料双极板集石墨板和金属板的优点于一体，不仅轻薄、强度高，而且耐腐蚀，已经成为目前的研究热点。三种双极板的优缺点对比如表 7-4 所示。

表 7-4　市面上常见双极板类型

类型	优点	缺点	代表生产商
无孔石墨双极板	耐腐蚀性强、导电导热性好、技术成熟	强度较低、脆性较大、厚度较厚	加拿大 Ballard 公司
金属双极板	强度高、韧性好、导电导热性好，可以方便加工成很薄的双极板	在 PEMFC 工作环境下容易被腐蚀，性能容易下降	爱德曼（中国）、中国的上海治臻公司、日本丰田公司
复合材料双极板	耐腐蚀、体积小、质量轻、强度高	化学稳定性较差、很难满足高质子传导性和良好的机械性能	中国的新源动力公司、美国通用电气公司、美国洛斯阿拉莫斯、德国 BGL 公司

在研发成果方面，截至 2022 年 5 月，国外的丰田 Mirai、本田 Clarity 使用了钛金属双极板，优化了流体通道，提高了气体的扩散性，将氢燃料电池的功率密度提高到了 5.4kW/L；国内爱德曼研发的金属板氢燃料电池的功率密度也超过了 5.18kW/L。

4. 催化剂

催化剂的主要功能是加快氢燃料电池的电化学反应，提高反应速率。为了提高催化剂的稳定性与耐腐蚀性，目前企业常用的做法就是将过渡金属元素与铂合金物组合在一起应用，例如不同 Pt—Co 配比的 Pt—Co/C（铂—钴/碳）催化剂，不同 Pt—Ni 配比的 Pt—Ni/C（铂—镍/碳）催化剂。

目前，氢燃料电池常用的催化剂有三种类型，分别是铂合金、纳米结构薄膜合金、石墨化催化剂。受生产工艺以及生产材料的限制，我国氢燃料电池电堆铂载量大约为 $0.3 \sim 0.4 mg/cm^2$,而日本丰田 Mirai 使用的氢燃料电池的电堆铂载量只有 $0.2mg/cm^2$。电堆铂载量过大会导致电堆成本过高,因此,目前致力于研究氢燃料电池催化剂的企业与机构应该重点关注如何降低氢燃料电池的电堆铂载量。

5. 空气压缩机

空气压缩机的主要功能是源源不断地为燃料电池堆输送空气,而空气是燃料电池发挥作用的必备要素。因为燃料电池需要从空气中提取氧气,在阴极发生反应。目前,氢燃料电池使用的空气压缩机主要是离心式压缩机和螺杆式空压机。

6. 增湿器

增湿器的主要功能是调节燃料电池内部的水分情况,保证质子交换膜不脱水,不被水淹,保持电堆高效稳定运行。目前常见的增湿器分为外部增湿、自增湿。国内厂家大多采用外部增湿器进行膜增湿。丰田 Mirai 已经开始进行采用自增湿,将阴极产生的水迁移到阳极,并将水均匀分配到阳极电极表面。受制于质子交换膜的性质,未来外部增湿和自增湿路线将长期并存。

7. 氢气循环系统

氢气循环泵的主要作用是在燃料电池系统回路上把未反应氢气从燃料电池出口引回燃料电池入口,与入口氢气汇合进入燃料电池。利用氢气循环系统一方面可以提高氢气利用率,另一方面可以提高氢气在阳极流道内的流速,防止阳极积水被水淹,同时起到增湿作用。

氢燃料电池的主要应用领域

人类使用氢燃料电池的时间比较早,早在20世纪60年代就有公司发现氢燃料电池具有体积小、容量大的特点,开始将其用于航天领域。随着相关技术不断发展,到20世纪70年代,氢燃料电池的使用范围拓展到了发电和汽车领域。

具体来看,稳定性较好、对环境污染极小的氢燃料电池的应用场景非常多,例如可以用于建造大中型电站和区域性分散电站、热电联供,可以作为电源用于汽车、飞机、无人机、潜艇等领域,还可以作为小型便携式电源用于手机、笔记本电脑等设备。从燃料电池的出货量来看,目前,在全球范围内,氢燃料电池出货量较多,出货量增长速度较快的是亚洲市场和北美市场。

经过几十年的探索与实践,氢燃料电池逐渐形成了四个应用领域,分别是固定领域、便携式领域、交通领域、无人机领域,具体分析如下。

1. 固定领域:出货量大,增速明显

固定领域指的是将氢能源电池安装在某个固定位置,持续不断地为周边的设备与建筑提供能源。例如,氢燃料电池凭借持久性好、燃烧效率高、环境适应能力强等优点,经常被用作固定电源、备用能源,为大型热电联产、居民住宅热电联产提供能源,还可以安装在航天器、远端气象站、通信中心、农村及偏远地带,为一些科学研究站和军事应用提供能源,应用价值极高,应用空间广阔,并且已经形成相对成熟的产业链。

随着经济社会高速发展,人们对电力系统运行的稳定性以及电力供给的持续性提出了较高的要求。在此形势下,可以作为小型发电及备用电源系统的固定式燃料电池系统受到了广泛关注。尤其在日韩以及欧洲国家,将氢燃料电池用于家庭热电联供已经受到常年政府补贴并获得了较好的发

展,价格趋于平价并且应用渐广,在国内越来越多的企业计划开发或者安装固定式燃料电池系统,为该系统拓展了广阔的市场发展空间。

2. 便携式领域：应用前景广阔，面向未来市场

便携式燃料电池有很多优点,包括体积小、容量大、质量轻、寿命长、噪声小、对环境的污染少、运行稳定、运行温度低等,可以在最大程度上减小电池带来的后勤负担。

便携式电源有两类,一类是非固定安装的燃料电池,另一类是移动设备使用的燃料电池,可以在军事、通信、计算机等领域应用,为设备提供高可靠性、高稳定性的电能,在特殊情况下满足应急供电需求。目前,便捷式电源产品有很多,包括高端手机、笔记本电脑等便携电子设备电池,以及军用背负式通信电源、卫星通信车载电源等。但与目前广泛使用的锂电池相比,便携式氢能源电池在价格与性能方面并没有特别明显的优势,所以市场需求非常小。

3. 交通领域：各国大力布局，蓄力静待爆发

在交通领域,车载氢燃料电池凭借续航里程长、加氢时间短和无污染等优点受到了广泛关注。车载氢燃料电池在交通领域的应用空间广阔,应用方式有两种,一种是作为汽车、客车、小型乘用车、叉车等车辆的燃料电池,为这些车辆提供动力,另一种是作为特种车辆、物料搬运设备和越野车辆的辅助供电装置。

从目前的形势看,氢燃料电池最有可能率先在汽车领域实现大规模应用。近几年,大型汽车生产企业纷纷加大了在氢燃料电池汽车研发领域的投入,从2013年开始,就有企业推出氢燃料电池汽车。从消费者的角度看,目前,消费者对氢燃料电池企业的接受度相对较好。随着氢燃料电池产量不断提升,成本持续下降,氢燃料电池汽车市场将成为一个新的蓝海

市场，释放出巨大红利。

另外，在交通运输领域，物流运输行业也为氢燃料电池的使用提供了广阔的空间。一方面，氢燃料电池可以直接应用于叉车，作为叉车的动力源驱动叉车运行；另一方面氢燃料电池可以应用于货车。目前，用于搬运的叉车使用的氢燃料电池大多是质子交换膜燃料电池，也有一些叉车以甲醇为燃料。目前，联邦快递货运、西斯科食品、GENCO 等都组建了氢燃料电池车队用来运输商品、货物。

4. 无人机领域：优势明显，或将打开新的市场

无人机自诞生以来就应用到很多领域，发挥了巨大作用。随着无人机市场不断拓展，消费级无人机或将迎来爆发元年。虽然无人机的市场前景非常广阔，但有一个问题始终无法解决，就是续航能力问题。目前，大部分无人机使用的是锂电池，这种电池的能量密度比较低、体积比较大。而无人机为了减轻起飞重量，无法携带大容量的电池，导致续航能力比较差。

一般来讲，无人机电池充满电之后，续航时间大约为 30～60 分钟。相较于锂电池，氢燃料电池的续航时间比较长，加氢只需要几分钟就能完成，并且在整个生命周期内，电池性能不会大幅衰退，可以有效解决无人机续航能力差的问题。

全球氢燃料电池汽车的商业化之路

经过数十年的研发与探索，氢燃料电池汽车行业解决了一系列关键技术问题，在 2015 年进入商业化推广阶段，氢燃料电池汽车的销量开始逐年增长。根据国际能源署的预测，2030 年，在全球汽车市场上，氢燃料电池汽车所占市场份额可能达到 2%～3%；2050 年，这一比重可能提升

到 15% 左右。

虽然氢燃料电池汽车的发展前景非常广阔，但在目前的电动汽车市场上，氢燃料电池汽车的市场表现并不好，其商业化推广面临着许多困难。一方面，氢燃料电池汽车想要实现商业化推广，必须在技术层面取得更多突破，降低车辆成本与售价，提高车辆性能，保证行车安全；另一方面，氢燃料电池汽车的商业化推广应用还需要完善加氢站等基础配套设施建设。除此之外，氢燃料电池企业能否实现商业化推广还深受世界能源走势的影响。

1. 国外氢燃料电池汽车的商业化进程

近几年，为了加快氢燃料电池汽车的商业化进程，美国、韩国、日本等发达国家不仅致力于技术研发，还加大了在加氢站等基础配套设施建设领域的投入。在欧洲，德国、英国、丹麦等国家正在积极推进加氢站建设，其中丹麦已经在全国范围内建成了加氢站网络，英国、德国也在努力扩大加氢站的覆盖范围。

迄今为止，世界氢燃料电池汽车的商业化进程可以分为四个阶段，如表 7-5 所示。

表 7-5 氢燃料电池汽车的商业化进程

阶段	时间	成就
第一阶段	2000 年之前	世界著名汽车厂商以概念车的形式推出多款氢燃料电池汽车
第二阶段	2001～2010 年	汽车厂商、研发机构对氢燃料电池汽车的关键技术进行攻关，并验证使用
第三阶段	2011～2015 年	氢燃料电池汽车在某些领域实现了商业化应用
第四阶段	2016 年至今	丰田、现代等汽车生产企业相继推出氢燃料电池轿车，面向全球消费者销售，标志着氢燃料电池汽车进入商业化应用初期，氢燃料电池汽车的产量与销量实现了双增长

近几年,虽然有很多车企推出了氢能源电池汽车,但真正实现量产的车型并不多,只有丰田 Mirai、现代 NEXO 等几款。

2. 国内氢燃料电池汽车的商业化进程

经过几年时间的市场培育,我国形成了一个覆盖了氢燃料电池整车、氢燃料电池系统、氢燃料电池电堆及零部件等多个领域,支持整车制造与氢燃料电池系统打造的氢燃料电池汽车供应链和产业链体系,氢燃料电池系统和电堆已经基本可以实现国产化。

在我国汽车市场整体低迷、乘用车市场销量整体下滑的背景下,商用车市场却迎来了一波增长高峰,尤其是货车。在整个商用车市场上,货车的销量占比达到了 90%。

从车辆类型来看,锂电池商用车在商用车市场上的占比较低,纯电客车的市场占比大约为 20%,纯电货车的市场占比只有 1%。之所以会出现这种情况,就是因为以锂电池为动力的纯电动汽车的续航里程比较短,无法满足长途运输需求。而氢能源电池汽车恰好可以解决这一问题,所以氢燃料电池重卡有可能成为新能源长途运输汽车的一个重要的技术选择。由此可见,氢能源电池汽车的应用前景非常广阔。

目前,世界很多汽车厂商都将 2015 年视为氢燃料电池汽车市场化元年,这也就意味着从 2015 年开始,全球进入了氢燃料电池汽车发展的新时代,全球汽车行业迎来一次大洗牌,我国汽车行业有望借机赶超。因为在传统燃油车时代,我国汽车工业的发展水平与发达国家存在很大差距,赶超难度极大。而进入氢燃料电池汽车时代之后,我国与美国、韩国、德国等汽车强国站在了同一起跑线上,以现有的研发成果为基础,我国很有可能实现从"汽车大国"到"汽车强国"的转变。

随着科学技术不断发展,政府不断加大政策扶持,企业不断加大资金投入,氢燃料电池汽车发展面临的很多问题都将迎刃而解,包括氢燃料电池安全性较差、寿命较短、整车成本过高、加氢站等基础设施不完善、氢燃料贮存技术欠缺等。随着这些问题的解决，消费者对氢燃料电池汽车的接受度会有很大提升。在未来很长一段时间，全球汽车市场将呈现出燃油汽车、纯电动汽车、混合动力汽车和氢燃料电池汽车共存的状态，消费者可以凭个人喜好进行选购。

第三篇 智慧能源：驱动能源数字化转型

第 8 章
智慧能源：构建绿色低碳能源体系

数字技术驱动能源结构转型

智慧能源有狭义与广义之分，从狭义上看，智慧能源是指具有长期成本效益的环境友好型能源发展模式，以现代通信、网络技术为支撑，致力于提高能源利用效率，促使能源系统实现绿色可持续发展。从广义上看，智慧能源是多元产业融合形成的一个概念，促进了能源产业、能源装备产业、互联网产业以及现代通信产业的融合与智慧化发展，不仅涉及传统化石能源生产的智慧化转型，还包括风电、水电、光伏电等新能源的安全并网。除此之外，智慧能源不仅与能源的生产、转换、传输、储存以及消费环节联系密切，还涉及能源周边相关产业、能源电力技术体系以及能源政策机制的发展与变革。

1. 智慧能源的主要特征

智慧能源具有智能高效、广泛互联以及清洁低碳的典型特征，如图 8-1 所示。以此为依托，智慧能源的发展模式能够促进能源生产、传输、消费等环节的持续优化，提高管理水平与质量，推动能源电力系统的智慧化转型与升级。

图 8-1　智慧能源的典型特征

（1）智能高效

大数据、云计算以及区块链等现代技术与能源行业的深入融合，能够切实推动智慧能源系统落地，例如多能协同调度系统、智慧生产管控系统以及用能管理系统，在实现对能源电力系统多环节、多设备、多主体的全方面感知的同时，以数据驱动技术为支撑对能源电力系统、管网以及设备多层级进行在线监测、实时分析、智能优化调控、状态预警和智能诊断，将电力系统的运行效率提升到一个新的高度。

（2）广泛互联

智慧能源将互联网以及物联网技术作为发展的支撑点，推动能源系统内部与外部多元主体的开放接入与广泛互联，将不同主体间的信息流、业务流以及能量流进行有效整合，实现能源生态圈的互惠共赢，不断打造新业态、新模式，实现更大范围内的资源优化配置。

（3）清洁低碳

随着云计算、大数据、物联网、人工智能、区块链等现代信息技术在能源电力系统的应用，能源电力系统中的各个环节能够进行更加及时、准确、高效的交流与互动，横向可以实现电热水器多能互补，纵向可以实现"源—网—荷—储"协调，从而实现能源电力系统的整体性管控与优化，持续稳定地支撑大规模集中式可再生能源及分布式可再生能源的安全生产、远距离运输以及高效消纳，不断提升生产端和消费端的可再生能源占比，降低二氧化碳以及其他污染物的排放，不断提升能源利用效率，助力我国能源电力行业转型升级，向清洁低碳模式转型。

2. 数字技术驱动能源结构转型

在智慧能源发展模式下，能源电力行业将不断引入云计算、大数据、物联网、人工智能、区块链等新兴信息技术，促使信息技术与能源电力行业实现深度融合，促进能源电力行业不断向数字化、智能化的方向发展，为我国能源革命持续深化、能源结构转型升级打下坚实的基础。

（1）智慧能源助力能源供给革命

随着智慧能源不断发展，能源的生产模式以及供应模式也会发生显著的变化，能源供应模式将逐渐摆脱单一化供应模式，向多元化供应发展，这里的多元化包括供应主体的多元化、能源产品的多元化以及业务结构的多元化。与此同时，智慧能源的发展将促进智慧电厂、智能电网等新业态发展，使能源电力产业的能源生产与传输服务更加安全、更加智能化，能够不断对能源生产与能源供应模式进行完善和升级，提高能源系统中新能源的生产和供应比例。

（2）智慧能源助力能源消费革命

在智慧能源模式下，能源市场信息可以实现实时共享，极大地扩大了用户的消费选择范围，为新业态和新模式的产生与发展创造了一个良好的环境，使得能源消费类型更加丰富多元。同时，云计算、大数据、物联网、人工智能等现代信息技术的应用可以让用户即时、全面地感知自身能效水平，支持用户进行综合的能效分析，做出科学的用能决策，对用能环节进行优化管控，切实提高能源消费水平与效率。

（3）智慧能源助力能源技术革命

智慧能源对能源电力系统提出了新要求，使其关键设备以及平台的发展更加智能化、精准化、标准化，也进一步促进了原有能源技术、信息管理技术的深刻变革。除此之外，智慧能源信息—物理融合特性将持续推进能源领域的变革，促进其技术框架与互联网、通信领域的技术体系深入结合，使能源区块链、能源大数据以及5G能源信息网等新一批网络信息技术得以应用和发展，为能源技术的研究提供新方向，推动能源技术持续变革。

（4）智慧能源助力能源体制革新

智慧能源体系的建设与发展能够推动能源系统运营管理机制不断创新，在带动能源产业上下游协同发展的同时不断扩大外延，带动周边产业发展，打造智慧能源生态圈，将能源企业、装备制造企业以及科研院所等各类主体的优势充分发挥出来，连接服务流、信息流和资金流，不断提高资源要素配置效率，为能源系统的转型升级打造一个更高质量的平台，借共享经济、平台经济颠覆能源系统传统的运营机制，为能源体制改革提供源源不断的动力。

基于"三流合一"的智慧能源体系

智慧能源体系借助平台的打造能够实现产业链上下游企业的互联互通，增强与商业伙伴的联系，实现与商业伙伴的协同，充分发挥各参与主体的核心优势，逐渐打造一个以用户为核心的能源生态圈，通过整合供给与需求培育新动能，构建一个完整的、可以实现良性循环的智慧能源生态圈，促使生态圈实现自主成长与发展。

1. 智慧能源生态体系

智慧能源能够充分发挥桥梁作用，增强供给侧与消费侧的联系，创建一个涵盖传统能源企业、新能源企业、高科技信息化技术企业、工程建设企业、运输服务企业、能源交易中心等多元化主体在内的能源生态圈，通过能源流、信息流、价值流的整合对分散的业态进行整合，打造多方互利共赢的良好生态。

- 对于智慧能源生态体系建设来说，能源流是保障生态体系安全高效的物理基础，能够促进能源生产企业提高能源利用效率，减少能源利用过程中的污染物排放，共同承担安全调节功能，积极参与市场化互动；能够促使能源传输企业对相关资源进行公平、公开、公正的配置，提供安全、高效、智慧的能源服务；能够促使能源用户通过多种多样的形式参与互动，共同提升能源系统的安全性与能效。
- 在智慧能源生态体系建设中，信息流可以将各环节的数据连接在一起，以大数据、大平台为依托，打造一个高度透明、高度数字化的能源系统，通过政府与各主体的协作构建能源大数据中心，推动能源治理信息共享。

在智慧能源生态体系建设中，价值流能够指导社会能效优化。在这个过程中，政府部门需要出台相关的政策机制，促进可中断、可调节负荷、分时电价优化，电化学储能，新能源配额，抽水蓄能电站等领域的价值共创共享；通过建设辅助服务市场，推广应用区块链技术，保证价值分配效果，将电力的商品属性释放出来。此外，社会各界要实现价值共生，相互协作共同提高电力系统的综合能效，推动整个行业实现智能化升级。

2. 智慧能源总体架构

智慧能源系统的架构要以智能化为核心，以云计算、人工智能、大数据、区块链等技术为工具，在智能云、物联网等基础设施平台的基础上，通过打造 AI 中台、知识中台、业务中台、数据中台等，为能源企业的智能化转型提供强有力的支持。

在智慧能源系统架构中,数字化基础设施层、平台层、应用层是主体部分,设计机构可以根据企业的具体情况与实际要求为其定制解决方案。除这三大主体外,智慧能源系统架构还要推进能源生态体系、运营服务体系、网络安全保障体系和标准规范体系建设,满足能源系统智慧化升级需求。

(1) 数字化基础设施层

数字化基础设备层一般包括机器人、服务器、无人机、储存设备、智能传感器、网络设备和智能燃气表等,是能源企业的信息基础设施,能够在企业信息沟通、服务传递以及业务协同中发挥重要作用。

(2) 数字化平台层

数字化平台层以 AI 中台为核心,辅之以知识平台、业务平台和数据平台的支持,能够将企业的能源流、信息流与价值流联系在一起,是实现新兴技术对能源企业赋能的关键,可以为能源企业智能化转型的全过程提供重要支持。

AI 中台可以对企业的 AI 能力进行集中管理,主要由 AI 开发平台、AI 能力引擎和管理平台构成,其中前两个平台是核心能力的来源。其中 AI 能力引擎涵盖了自然语言处理、人脸识别、语音识别等通用服务以及领域专用 AI 服务。以 AI 中台为支撑,企业将拥有自主开发与应用 AI 的能力,能够对自己的 AI 能力和资源进行集约化管理,统筹规划实现智能化升级。

知识平台的核心技术包括自然语言、知识图谱、搜索与推荐等,借助高效生产、灵活组织、便捷获取的智能应用知识全链条能力,对各项业务之间的逻辑关系进行梳理,采用机器能够理解的方式对知识进行整合,打造符合企业需求的智能化应用,为企业的智能化转型与升级、企业发展格局的重构产生积极的推动作用。

(3) 数字化应用层

数字化应用层涵盖了能源企业的各个环节,在各个场景都有具体的实践与应用，能够促使人工智能、云计算、大数据、区块链等技术在能源勘探、开采、生产、储运以及消费场景实现深入应用，通过智能化手段协助能源企业解决发展过程中遇到的主要问题，促进能源企业的智能化生产、精益化管理以及业务创新，将企业的生产服务能力提升到一个新的高度，为企业提质增效、智能化转型提供新动能。

智慧能源产业链与未来趋势

智慧能源是利用互联网、物联网、大数据、云计算等技术，对能源生产、运输、储存、消费的全过程进行实时监控，对整个过程中产生的各类数据进行优化分析，借助数字化、网络化、智能化手段保证能源行业的安全，提高能源利用效率，推动能源行业向着绿色、智慧的方向转型发展。

随着5G实现规模化商用、互联网技术普及应用、能源转换技术持续迭代，智慧能源发展迈入系统性产业化发展阶段，迫使传统产业、落后产业、新兴产业尽快打破行业壁垒，实现融合发展，最终形成一个横跨整个行业的能源智慧化应用。

1. 智慧能源产业链

智慧能源产业链可以细分为上游、中游、下游三个环节。其中上游主要涵盖了能源全周期的"发—输—配—用—储"等环节；中游主要是能源信息的采集、传输与分析；下游主要是能源智慧化的综合应用。

（1）上游

能源的全生命周期涉及能源获取、转换发电、输配电、电力供应、储能用能以及与其相对应的新技术研发等环节。技术研发能够提高能源分配的均衡性、电力供应的稳定性。在初始能源中，一些可再生能源，如太阳能和风能能够减少燃煤发电所产生的环境问题，减少污染。随着储能材料不断革新以及管理系统相关功能持续完善，蓄电池产业将实现爆发式发展，进而带动电动汽车以及配套电桩产业的快速发展。

（2）中游

经过上游全生命周期的运作之后，中游会引入一些信息网络及通信技术，获取全生命周期运作过程中产生的信息，并借助软件平台将这些信息以数字化的形式展现出来，具体如下。

- 在信息通信领域，智能传感是重点攻关对象，该技术功能十分强大，甚至可以让气味获取实现信息化。
- 随着云产业不断发展，储存器不再局限于传统的数据储存介质，将广泛使用云存储，让数据共享更加方便，使储存能力不断提高。
- 5G技术的应用提高了智慧能源数字传输的速度与效率，降低了数据传输时延。借助配套的光纤传输网络，智慧能源产业可以实现数字化发展。
- 对于智慧能源产业来说，云计算、人工智能、数据挖掘、大数据、边缘计算等信息通信领域的前沿产业已经成为重要的组成部分，为能源智慧优化提供了强有力的支持。

（3）下游

智慧能源产业下游是能源数据信息展现平台，其主要功能是以平台化的形式将中游获取的海量数据展现出来，创新智慧能源行业的产业模式，形成以能源需求侧为导向的新产业模式，以智慧能源为基础推动智慧交通产业快速发展。随着这种新的产业模式不断发展，智慧能源产业链将新增一些关键环节，例如权威认证、检测标准等。

2. 智慧能源相关产业发展趋势

物联网的广泛应用带领人类社会进入一个万物互联的时代，在此形势下，数据成为传统行业的连接方式，而以此为基础的数字经济也成为拉动经济增长和促进产业转型升级的新动能。

（1）落后产业：积极转型

传统化石能源行业产能过剩，随着可再生清洁能源大规模利用，传统化石能源行业的危机将越来越大。随着智慧能源不断发展，清洁能源及相关技术，乃至所属领域的革新将持续推进。为了顺应能源转型趋势，落后产业会不断加大在技术开发领域的投入，尽快实现转型升级，同时减少煤炭开采过程中污染物的排放，减少对相关产品的使用，从源头上解决化石能源使用带来的各种问题。此外，由于煤炭在我国能源结构中的占比过大，而且这种情况将持续很长时间，所以未来对煤炭的清洁化利用也是技术创新的重点。同时，相关企业可以利用煤炭开展一些化工活动，例如用煤炭炼油等。在污染物治理方面，企业可以从源头上对二氧化硫等污染物进行分离收集，将其封存在特定区域或者进行二次加工。目前，这类技术已经发展得比较成熟，应用范围也比较广。

（2）传统产业：清洁替代

传统产业以生产制造领域为代表，化石能源消费占比较大。随着智慧能源产业不断发展，传统产业将大规模使用电能代替传统的化石能源，同时减少火力发电的动力生产设备。

智慧能源的快速发展促使"能源市场化"成为一个重要议题。能源市场化必然会导致电价产生一定的波动，高耗能产业的成本、利润将与电价、可再生能源的价格产生紧密联系，其发展将迎来前所未有的挑战。

在其他方面，例如火力发电也会引入先进技术对设备进行改革，不断提高发电系统的运行效率，持续推动风力、水力以及光伏发电的发展，最终形成一个以清洁发电系统为主，以分布式能源为辅的新型能源网络。

（3）新兴产业：多领域研发

随着智慧能源不断发展，以清洁、可再生能源为支柱的企业获得了巨大发展。在未来的发展中,这些企业要从产业链的多个领域切入,推动风能、水能等清洁可再生能源在智慧能源领域深入应用。电力公司想要将风电、水电、光伏电等可再生能源生产的电力并入电网,必须打造多能源电力耦合网络,充分利用能量路由器技术,对能源进行综合调度。在用能侧,相关企业要打造全新的电动汽车系统,实现光伏发电、电动汽车、储能管理的集成应用,以 BMS、能源综合管理平台以及光伏云为支撑,再次提高清洁能源在能源结构中的占比。同时,电力公司要积极开发电力交易平台,不断提高能源利用率,打造能源利用新模式,其中比较典型的是"分布式光伏 + 智慧家庭"模式。

能源企业的数字化转型之路

能源企业是打造智慧能源体系的主体,要充分发挥新一代信息技术的优势,主动实现数字化、智能化转型。从实践层面看,智慧能源体系建设的整个过程可以划分为四个阶段,分别是规划指引、统筹建设、能力评估以及持续运营,具体分析如下。

1. 规划指引

智慧能源规划体系建设需要把握四个方面,如图 8-2 所示。

图 8-2 智慧能源规划体系建设的四个方面

（1）确定企业发展愿景

在国家能源战略的背景下，企业要明确自己在能源行业的地位，根据自身的实际业务与经营状况，借鉴国内外成功的转型实践，规划一条清晰的转型路径，对企业能源业务板块、生产水平、商业模式、管控体系等进行综合考虑，为实现数字化转型升级奠定良好的基础。

（2）评估企业智慧能源所处的阶段

能源企业的数字化转型可以划分为五个阶段，分别是初始级数字化、单元级数字化、流程级数字化、网络级数字化和生态级数字化，划分依据是企业数字化战略的推进情况、数字化技术的使用程度、业务数字化的覆盖范围以及数据治理效果，具体分析如下。

- **初始级数字化阶段**：企业只在某个职能范围内应用数字化应用，没能将数字技术的赋能作用充分发挥出来；对于企业的主营业务，数字化技术还没有发挥有效的支持与优化作用；企业业务还没有实现数字化创新；对新一代信息技术的应用比较少。

- **单元级数字化阶段**：新一代信息技术在主要或若干个单一职能范围内有所应用，相关业务的运行效率不断提升，相关单项业务实现了规范运行。企业可以使用主要信息技术获取业务数据，并对数据进行开发利用，将数据作为沟通媒介的作用充分发挥出来，使单元级信息透明问题得以解决，使业务单元的资源配置效率提升到一个新的高度。

- **流程级数字化阶段**：在一定的业务范围内，以流程级的数字化和传感器网络化为基础，将流程作为驱动力，在关键业务流程、关键业务与设备设施、软硬件等要素之中实现整体性的集成优化。

- **网络级数字化阶段**：借助组织企业级数字化以及产业互联网级数据化，促进组织内所有要素、所有生产环节实现互联互通，以数据为引擎推动业务模式创新。

- **生态级数字化阶段**：以生态级数字化以及泛在物联网级网络化为基础，与生态合作伙伴之间进行多样化的协同共享与开放合作，主要表现在资源、业务以及能力等方面，通过深度合作共同打造智能驱动型数字新业务。

（3）创新发展能力和数字化转型

能源企业的数字化转型要对自身的数字化能力进行评估，结合企业发展战略与愿景，明确可以实现创新发展的能力体系，创新能源技术体系与业务模式，然后确定数字化转型的总框架，创建信息基础设施，完善平台体系，实现智慧化升级。确定了总框架之后，企业要确定各个细分架构，包括业务体系、数据治理体系、信息安全体系等。

（4）制定智慧能源实施规划

企业要根据数字化转型战略与规划，明确智慧能源建设的具体任务，对各项任务进行分解，围绕具体目标规划相应的工作任务，明确建设重点，规划建设路径，创建保障体系，为智慧能源建设提供科学指导。

也就是说，智慧能源规划指引阶段需要先设计一个宏观的战略规划，再落实到具体实践层面，推动数字技术在智慧能源建设领域深入应用，与企业发展战略、愿景相结合，创建创新发展能力体系，引入大数据、人工智能、区块链等新兴技术对主要业务线进行变革，保证智慧能源规划体系顺利落地。

2. 统筹建设

智慧能源建设是一个复杂的系统性工程，能源企业需要根据自身的发展目标、发展战略以及信息化基础，分阶段统筹推进。具体来看，智慧能源建设可以划分为"一个统筹"和"三个阶段"。

（1）"一个统筹"

能源企业需要根据智慧能源建设涉及的不同主体，创建业务－业务、企业-企业、企业-政府、企业-用户四种不同的生态。

（2）"三个阶段"

智慧能源建设需要分三个阶段进行，第一个阶段的主要任务是夯实数字化基础，试点先行；第二个阶段的主要任务是功能拓展，推动产业数字化；第三个阶段的主要任务是功能完善，实现智能化转型升级，具体如图 8-3 所示。

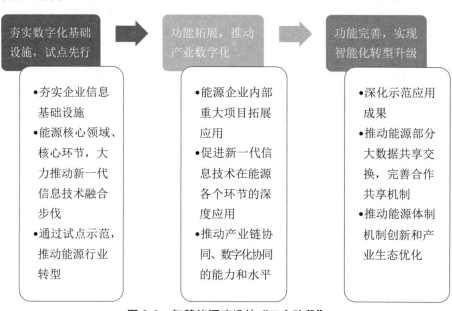

图 8-3　智慧能源建设的"三个阶段"

3. 能力评估

能源企业对自身的能力体系进行评估，可以明确自身的数字化创新能力，扩大云计算、大数据、物联网、人工智能等技术的应用范围，发现这些新兴技术在融合应用过程中出现的问题，为后续的持续改进奠定良好的基础，为清洁、安全、高效的能源体系建设产生积极的推动作用。具体来看，不同级别的智慧能源能力的主要特征、主要问题、重点任务如表 8-1 所示。

表 8-1 智慧能源能力评估表

项目	初始级 L1	单元级 L2	流程级 L3	网络级 L4	生态级 L5
主要特征	集中在单一职能应用	聚焦能源某一部门或者环节，形成单元级能力	跨部门、跨业务的集成支撑能力	能源业务形成数据驱动形态	形成智能驱动的技术体系
主要问题	基础设施能力薄弱，应用单一，主营业务支撑能力不足	业务之间发展不平衡	业务智能协同不够	业务开放度、包容性、全业务智能化方面的问题	技术创新和全生态智能方面的问题
重点任务	构架新型基础设施；开展基于主营业务的系统性解决方案	形成以数据为核心的能力体系，覆盖生产、管理、运营各环节	完善协同机制，加快智能化驱动，进一步提质增效	聚焦全企业、全行业的薄弱环节，提升智能化水平	持续完善生态、完善跨界融合问题

4. 持续运营

传统能源企业多采用独立运行模式，信息化也是采用自主投资、自主运营模式。随着 5G、物联网、大数据、人工智能等新一代信息技术不断发展，技术融合速度越来越快，各个业务场景都对新技术产生了迫切需求。尤其是在能源智慧化升级的背景下，能源行业原有的运行边界被打破，再加上一些数字化、智能化平台建设需要投入大量资金，而且存在较高的技术壁垒，凭企业一己之力无法完成，使得智慧能源建设呈现出以能源企业为主导，多元化主体相互协作的局面。

在业务场景方面，能源生产、业务管理等能源企业的核心业务场景，未来仍将采取以能源企业为主导，通过与科技企业合作的方式运行；智慧城市、智慧园区、智慧社区等全场景式的能源供给场景，未来可能根据能源流的价值形态采取多元化的运营方案。

在科技层面，能源企业内部需要借助科技手段实现智慧化升级的生产管理场景。在建设阶段，能源企业仍将占据主导地位，科技企业主要为能源企业提供必要的服务；在后期运营阶段，供应商要为能源企业提供运维服务。如果是人工智能平台等大型平台建设，需要投入巨额资金，技术门槛比较高，能源企业可以与科技企业合作，共同致力于平台建设与运营。

第 9 章
智能场景：重塑能源企业管理流程

智慧能源的三大关键技术

智慧能源将现代信息技术作为建设和发展的关键工具，充分利用区块链、大数据、云平台等新兴信息技术，为能源发展打造更好的智慧环境，形成全新的能源发展模式与范式，为促进新能源消纳、构建安全高效的电力市场、提升电力系统能效提供新思路以及新方案。

1. 区块链技术

区块链技术从本质上来说就是一个共享数据库，是互联网时代分布式数据存储、点对点传输、共识机制、加密算法等计算机技术的创新应用，具有去中心化、信息共享、记录不可逆、参与者匿名和信息可追溯等技术特点。

在智慧能源发展过程中，随着区块链技术的深入发展与应用，智慧能源系统数据安全、多主体协同、信息融通等问题有了全新的技术解决方案，我国"弃风弃光"现象的缓解、综合能源服务的发展及电力市场智能化交易体系的构建也有了全新的可能性。

（1）支撑高比例新能源消纳难题

区块链技术具有去中心化、可以实现信息共享、保证信息可追溯等特点，该技术在智慧能源系统中的应用具有两大作用：一方面，能够使新能源电力交易流程更加简单，降低分布式新能源电力交易的成本，支持多元主体之间开展点对点、实时、自主交易，保证交易的稳定性；另一方面，区块链技术是一种分布式记账技术，能够为能源产品、能源金融等产品交易市场提供值得信赖的后盾，不断推动绿色能源认证、绿色证书交易等新型商业模式的发展，在能源电力领域促进市场主体进一步创新能源生产与服务模式，支撑高比例新能源高效消纳。

（2）发展综合能源服务

区块链技术具有"多链"技术特性，充分利用相关技术特性能够实现电力网络、石油网络、天然气网络等异质能源系统中的多元主体及其设备的互联互通，打造横向多能互补、纵向"源—网—荷—储"协调、能源信息高度融合的综合能源系统，并以该系统为支撑，推动综合能源系统多元主体间可信互联、信息公开与协同自治的实现，大大提高综合能源服务的可追溯性和安全性。

（3）助力电力市场智能化交易体系构建

由于区块链技术具有信息共享、记录不可逆和不可篡改等特性，所以其在智慧能源建设领域的应用能够推动电力市场中各主体对信息进行交互、共享，提高电力市场信息的透明化水平，保障信息的及时性，还能在各个交易主体之间充分发挥辅助作用，以达到分散化决策的效果，让用户可以更加方便快捷地参与到电力交易活动中去，推动合同形成、合同执行、核算结算等环节实现智能化转型。除此之外，以区块链技术为支撑，充分利用其参与者匿名、信息可追溯的技术特性，能够切实规范电力市场监管过程，提升电力市场的监管水平，构建更加公平与安全的市场交易环境。

2. 大数据技术

规模大、速度快、类型多、价值密度有限等都是能源大数据的特点，大数据技术将海量数据集合作为研究对象，对相关数据信息进行分析和处理，是一项综合性技术，是计算机技术、传感技术、信息通信技术、数据分析技术等非传统工具与专业领域技术的综合，继承和发展了传统数据挖掘以及数据分析技术。

大数据技术的发展与应用，能够预测、感知与分析能源生产到消费全过程的具体状态与信息，提高能源系统运行过程的安全性与稳定性，将消费端能效提升到一个新的水平，为"源—网—荷—储"协同打下坚实的基础。

（1）系统安全稳定运行

能源电力系统在运行过程中会产生很多异构数据，能源企业利用大数据技术可以对这些异构数据进行整合，根据异构数据处理结果构建能源电力系统数字孪生模型，对新能源网络潮流分布做出精准预测，提高对用户行为的感知能力，为异质能调度、交易及综合需求响应决策提供强有力的支持，提高异质能系统运行效率，保障异质能系统运行的安全性与稳定性。

（2）消费端能效提升

能源企业可以利用大数据技术，挖掘用户用能行为与能源价格、天气、时间等因素间的隐含联系，围绕用户用能种类、用能时间、用能强度及用能弹性等打造多元化的模型，掌握更多多元能源用户的信息，充分了解其能源需求，制定更合理、更科学的能源消费优化方案，为用户定制能源消费服务，为用户侧资源发掘提供指导，最终降低能源消费侧用能成本，提高用能综合化效率。

（3）"源—网—荷—储"协同

能源企业可以利用大数据技术对能源电力系统中的数据进行分析与处

理，深入剖析"源—网—荷—储"之间能源流、业务流、信息流的流向与交互模式，使系统中多元主体间的"三流"交互机理清晰地展现出来，从而切实推动"源—网—荷—储"协调优化，使异质能网络更加经济可靠，为能源电力系统安全稳定运行提供强有力的保障。

3. 云平台技术

云平台是一个逻辑统一的数据中心，能够基于存储、交换以及虚拟化组件，充分利用各类数据之间的关联，将多种计算资源进行整合。云平台的特征包括高通用性、高可靠性、高可扩展性、虚拟化、高速、灵活性等。

相较于传统服务器，云平台能够将物理资源虚拟化为虚拟资源池，根据实际需要灵活调用软硬件资源满足用户的各类需求，为用户提供各类服务。云平台将客户需求作为一切工作的指向标，在为用户提供基础设施即服务（IaaS）、平台即服务（PaaS）、软件即服务（SaaS）三大类服务的基础上，将用能服务精细化和终端设备监控智能化变为现实。

（1）用能服务精细化

云平台以虚拟化资源管理技术为基础，统筹储存与管理的各类数据信息，包括用户身份、用能信息等，并将数据信息抽象化，使其相互关联形成跨应用、跨部门、跨系统的信息协同共享资源，打造智慧能源管理系统，使之具有管理动态化、数据可视化等特征，基于不同情况为用户提供实时在线的能源消费服务。云平台还能有效诊断相关用户、识别能效薄弱环节，并在此基础上定制符合实际的节能技改、能源合同管理等方案，以在能源大数据的基础上实现能源服务的精细化管理。

（2）终端设备监控智能化

云平台技术具有开放性和包容性的特点，能够连接多元主体以及相关设备，不再受实体结构技术的限制，在此基础上以数据驱动构建的特征库、模型库以及算法库为支撑，以提高用能终端的能源利用效率、提高能源供给的可靠性、降低用户用能成本、减少碳排放以及其他污染物排放为目标，对各类终端的运行状态进行监测，发现问题之后积极进行远程调控，推动能源电力系统的各种目标实现动态优化。

智慧生产：生产过程自动化

作为资源密集型行业的一员，能源行业呈现出危险性高、设备价值高、产业链长、环保要求严的特征。能源行业在发展过程中遇到了很多问题，包括设备管理不透明、工艺难传承、上下游协同水平不高、安全生产压力大等。随着世界能源格局不断变化，能源行业将向低碳化、分散化、智能化的方向发展。能源消费服务市场需求的改变对能源生产、储运环节提出了新的要求。如何保证能源生产与储运环节的安全、高效与清洁已经成为一个关键问题。在这种情况下，能源企业必须以数字技术为支撑，对能源生产过程进行智能化改造。

针对当前日趋激烈的市场竞争环境，能源企业必须不断降低相关能源生产的时间以及成本，实现能源的快速、高质量生产。能源企业以数字技术的运用为突破口，打造自动化、智能化生产环节，使整个生产过程透明化、可视化，不断消除和克服生产过程中的不确定性，将生产效率和生产质量提升到一个新台阶。

1. 电厂锅炉智能预警

从当前情况看，国内电厂暂停运行的时间中有超过 30% 的时间是锅炉炉管泄漏事故造成的，这种非计划停运对锅炉运行的经济性具有较大的负面影响。锅炉智能预警能够在电厂机理模型和人工智能技术的支撑下，对锅炉设备的运行状态进行监测与判断，实现对锅炉炉管泄漏的预测性报告，及时对泄漏区域的位置及泄漏程度予以判断，为设备预测性维护提供可靠的数据支持，减少非计划性停炉、停机情况的发生，减少启停炉、启停机过程中的能源消耗，促进设备使用效率大幅提高。

2. 智慧安全管理

能源企业利用三维建模技术将人员定位系统与具体的生产场景相互融合，对现场位置进行划分，确定相关人员的具体位置，实现不同位置所对应的安全注意事项与生产运行信息的互联互通，对危险区域进行自动识别，为现场工作人员提供指导，避免人员伤亡事故产生。

当前，人员定位系统能够将误差控制为 20～50mm，能够较为清晰地确定人员位置，使各员工各司其职，有效防止人员跑错间隔，避免误操作事故的发生。例如，部分电厂以人员定位信息与三维虚拟电厂模型的融合为基础，设置虚拟电子围栏，对高温、高压等危险区域及重要设备进行实时监控。智慧安全管理系统可以协助生产现场人员对危险区域进行识别，发现越界人员及时发出提醒，并将相关信息发送给安检人员确认，为人员或设备的安全提供保障，减少不必要的损失。

3. "无人值班、少人值守"新能源电站

能源企业要以互联网构架为支撑，充分利用大数据、移动互联、物联网、人工智能以及云计算等技术打造新能源数据创新平台。该平台具备数据收集、储存、服务以及运营等多种功能，能够实时收集"源—网—荷—储"协同过程中的多源异构数据，在将风机部件级、光伏板件级最小颗粒度的数据采集变为现实的基础上，以 5～7 秒 / 次的采集时长，为各类行业应用的构建和使用提供强有力的支撑，打造"无人值班、少人值守"的新能源电站，减少人力成本的投入，同时实现运行效率的提升。

目前，"无人值守"模式的应用范围不断拓展，正在与新能源电站设计和建设相结合。发电企业以平台为依托不断创新业务模式，不再局限于原有的工作模式与经营模式，促进相关产业转型升级。

4. 智能勘探

油气田的开发一旦进入中后期，便会受到相关勘测技术的限制，无法将储层情况清晰地呈现出来，无法获取更多井下情报，导致挖掘困难。与此同时，随着风险勘探逐渐向人力无法触及的深海区域转移，新层系油气储量的预测必须更加精确，以达到勘探环节的新要求。

智能油气储量分析和井下情报分析等技术的应用，能够帮助能源企业掌握高精度油气储量预测数据，将数据作为决策的基础，对勘探规模和建设时序进行系统性优化，海陆并重，深度挖潜老油区。同时，无人机等智能勘探手段的深度融入，能够帮助能源企业获取高分辨率的储层模型，将全方位的油气勘探数字可视化协同管理变为现实，不断提升储层预测精度，为新层系、新区域的风险勘探与开发提供强有力的支持。

5. 智能安全储运

能源储运是能源生产到能源利用之间的重要环节。能源行业想要完成能源生产以及能源消费的转型升级，就必须将能源储运的智能化转型放在重要位置，积极促进能源储运高效、安全运转。

智能储运以数字管网中的海量数据为基础，以实现能源储运的全生命周期管理为目标，使能源储运的历史数据能够被追溯，为事故与故障的原因分析、安全状况评价与预测、相关防范措施以及事故应急方案的制定提供可靠的依据。

（1）电力智能巡检

电力智能巡检以运维输变电设备为主要工作内容。电力企业依托人工智能算法充分发挥智能巡检机器人的优势，将设备图像识别准确率提高到一个新的高度，在运维成本大大降低的情况下进一步减少人力资源投入。智能巡检机器人能够根据预先设定好的巡检点位以及路线自动读取与检测相关数据，在不断提高工作效率的同时，减少人为因素导致的疏漏甚至是错误，将安全隐患置于可控范围内，最大限度地为巡检质量提供保障。

（2）智能燃气管网

智能燃气管网可以解决当前大量存在的油气泄露安全隐患，该系统能够不间断地对燃气传输进行监测与监控，一旦发现漏点便会自动预警，对事故地点进行定位，并及时采用智能应急处理方案，将预警信息快速高效地传输到系统，在最短时间内启动抢修程序，减少不必要的损失。

如果发生突发情况，提前部署好的燃气泄漏自动监测报警设施便会开始运转，主动发出声光报警信号，帮助系统工作人员快速确定事故位置，及时前往事故现场，系统则自动对相关信息进行收集与记录，并主动分析事故成因。

（3）石油管道焊缝图像智能探伤检测

管道焊接会受到技术人员、焊接方法、环境、焊机以及焊料等多种因素的影响，导致焊缝出现气孔、裂纹等缺陷，使管道使用寿命缩短。目前，管道缺陷检测与定级一般采用人工评估 X 光检测照片的方式，检测效率较低，而且对技术人员的能力与经验都有较高要求，评估结果往往受个人主观因素的影响，经常出现误判或者评判结果不一致的情况。

AI 深度学习技术在管道焊接检测领域的深入应用，可以对圆形、条形或是裂纹、未融合的缺陷等进行智能检测，对管道缺陷等级进行智能评定。在 AI 深度学习技术的支持下，管道检测效率和检测的准确性都能得到大幅提升，可以切实减少人工误判情况的发生，推动缺陷检测更加规范。

智慧管理：协同管理数字化

与传统企业的管理模式相比，基于数字技术的智能管理模式不再通过严格管理机制和方法，标准化、流程化的手段来提高企业生产效率，反而为企业的运营管理注入了新的活力，大大冲击了企业原有的运营管理模式。

随着数字经济时代的到来与发展，企业想要实现更好的发展，必须能够快速响应市场需求，积极引进先进的技术与手段，由经验驱动向数据驱动转化，掌握市场变化规律并快速响应；由相互独立转向协同发展，对整个运营流程进行优化，使之与数字创新趋势相适应；不再依赖人力和等级管理，逐渐向智能化、数据化管理转变，不断提高业务管控效率和效益。

1. 智能供应链管理

智慧供应链对物联网、AI、大数据、移动互联网等新兴技术进行集成应用，立足于产品的整个生命周期，促进企业中和企业间的业务协同，将企业从采购到生产再到销售的全过程纳入一个统一的网链结构，将数据以可视化的形式展示出来，支持用户使用移动化的手段对数据进行访问。

供应链管理云平台的构建能够打通各个环节，实现端到端的数据共享，有利于协调物资，制定更加科学、合理的物资分类，以能源企业储备原则为参考制定储备定额方案，将产品品类和库存水平保持在合理水平，提高物资使用效率。

此外，供应链管理云平台还能根据能源企业的具体情况对供应链上的节点布局进行优化，不断完善物资储备区域分级，将物资保障和供应能力提高到一个新的高度，有效衔接采购、物流管理、电网体系覆盖区域的物资使用和消耗，在降低成本的同时不断提高储备物资的供给效益和效率，为生产安全提供强有力的保障。

2. 智能协同办公

智慧管理要以企业中台为依托打通业务流程，打破不同职能之间的限制，实现跨职能的连接与合作，全面集成数据层面、应用系统、用户界面以及业务流程，将企业业务流程、应用软硬件以及公共数据与各种标准相结合，实现不同业务系统的高质量集成，打造网络协同化管理模式，实现横向资源管理，纵向专业管理，为跨部门的流畅衔接提供保障，大大降低信息沟通交流的成本，实现办公效率的飞跃。

智慧管理要打造知识中台系统，充分利用人工智能技术，在公文起草、审核、签批、办理等过程中，将智能核稿、辅助定密、辅助签批、自动办理、智能校检及错误纠偏等功能落地实现，并借助人工智能以及大数据技术，对企业行政办公和经营数据进行深入分析，自动生成分析报告，为企业的经营管理、业务决策提供科学的依据。

3. 财务流程机器人

智慧管理可以借助智能化技术，将一些具有机械性、重复性特点的财务工作交由财务流程机器人完成，实现降本增效。财务流程机器人可以实时监督、控制与记录核算、月结、年结等关键节点，实现智能提醒功能的深化应用。

在知识图谱以及自然语言处理的支持下，工作人员可以对常见的财务规章制度、法律法规及财务管控业务系统的数据进行智能化查询，包括会计核算规则问答、在建工程余额查询、报销制度问答、预算执行情况查询以及财务报表查询等。财务机器人的发展与应用不仅可以代替人工完成很多重复性的工作，还间接地提高了人工操作的准确性，将业务效率提升了20多倍。

智慧营销：客户服务精准化

人工智能、大数据等信息技术的应用打破了传统行业的壁垒，跨越了不同专业之间的高墙，对能源行业的传统形态造成了较大的冲击。近几年，大批负荷集成商以及众多以互联网生态为基点成立的全新企业不断涌入市场，对传统能源企业提出了巨大的挑战，将重塑市场格局。在这个过程中，能源消费者将成为重要突破口。

1. 综合能源服务

新一代信息技术的发展与应用实现了传统业务之间的互联互通，促使电力、燃气、分布式能源等以往互不干涉的能源领域逐渐走向融合。综合能源服务充分利用人工智能、云计算、物联网等新一代信息技术，促使能源流和信息流相互融合，将一定区域内的电能、石油、煤炭、天然气、热能等能源进行整合，以满足多元化的用能需求，提供多种异质能源组合供应服务。

综合能源服务企业可以为不同类型的用户定制差异化的服务策略，具体如下。

① 对多种电价方案和电气设备方案进行优化组合，支持用户根据实际需求进行选择，为用户打造最佳的用能方案。

② 为客户提供节能协助服务，例如帮助客户进行节能诊断，对用能设备进行维护管理，对老旧设备进行升级，提高设备的能源利用效率，在实现节能目标的同时切实降低用户的用能支出。

③ 以智能电表为基础打造智能用电系统，引导用户错峰用电。综合能源服务会对用户合理的用能需求做出快速响应，对清洁能源电力进行充分消纳，促使电力系统达到供需平衡。

2. 智慧电网营业厅

在智慧电网营业厅模式下，用户无须前往电力公司的营业厅排号，再到人工窗口办理业务，只要进入电力公司的营业大厅就能快速被智能系统识别。系统会将客户与系统中已登记的相关客户信息进行快速比对，核实客户身份，协助客户自动办理业务，如应缴电费等。用户在等待办理的过程中，一旦等候时间过长，系统将会自动识别，将相关消息自动推送到现场客户经理的手持设备上，提醒现场工作人员为用户提供人工服务。

除此之外，"智能业务办理一体机"的投入与应用也有效缩短了用户排队等候的时间。用户站到智能业务办理一体机前，只需要"刷脸"就能够方便快捷地办理电费自助查缴、更名、过户等常见业务，将办理业务的平均时间减少了70%。

智能系统还能够实时掌握用户业务办理的平均时长，对相关数据进行分析。管理人员可以利用数据分析结果优化客服流程决策。此外，以智能系统为支撑的精准营销，能够带给用户更极致的业务办理体验，帮助电力营业厅获取更大的经济效益。

3. 智能营销客服

近些年，能源用户的数量持续增加，服务渠道逐渐多样化，用户对能源企业的服务质量有了更高的要求和期望。与此同时，客服人员流动性大、培训成本高、培训周期长、客服质量难以保障等问题在能源企业长期存在，亟待解决。

智能客服与传统客服相比能够不受情绪、身体状况等主体因素的干扰，实现7×24小时全天候无休在线服务，具有稳定、无差别的特点和优势，能够在提升用户体验的同时减轻人工座席的工作量，实现真正意义上的降本增效。

借助以人工智能技术为支撑的智能客服应用，能源企业可以对客服资源进行全面梳理与整合，覆盖全渠道、全业务、全数据的营销业务，实现业务办理智能辅助、智能客服、精准营销、流程自动化等应用，让客户享受到统一、稳定的智能化服务。

第 10 章
5G 能源互联网：驱动智慧能源新生态

全球能源互联网的战略价值

能源互联网是指综合运用现代化的信息技术、电力电子技术和智能管理技术，连接起海量由分布式能量储存装置、分布式能量采集装置以及各类负载构成的新型电力网络节点，能够使能量进行双向流动、实现对等交换与共享的网络。

- **从政府管理者的角度来看**，能源互联网作为一种新型能源结构体系，不仅包含了传统电网，还能更加合理有效地利用分布式可再生能源，满足用户在电力方面的多样化需求。
- **从运营者的角度看**，能源互联网作为能源消费市场，能够与消费者进行互动，并具有一定的竞争性。运营者想要在市场竞争中获胜，就必须提高能源服务的质量。
- **从消费者的角度看**，能源互联网既有传统电网的供电功能，又为消费者提供了一个能源交换与共享的公共平台。

1. 能源互联网的特征

具体来说，能源互联网具有以下几个方面的特征，如图 10-1 所示。

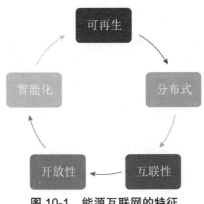

图 10-1 能源互联网的特征

（1）可再生

能源互联网中的主要能量供应来源就是可再生能源。而可再生能源发电具有间歇性、波动性的特点，其电能需要大规模接入电网，这将大大影响电网的稳定性。为了解决这一问题，传统的能源网络将向能源互联网转型。

（2）分布式

可再生能源具有分散的特性，为了使可再生能源能够被最大效率地收集和使用，必须建设单个规模小、分布范围广的能源网络对可再生能源进行就地收集、存储和使用，其中每一个微型能源网络都是构成能源互联网的一个节点。

（3）互联性

微型能源网络即便有着广泛的分布范围也无法全部实现自给自足，必须互联互通进行能量交换才能形成相对稳定的能量供需关系。在能源互联网中，分布式发电装置、分布式储能装置和由负载组成的微型能源网络的互联是重点；而在传统电网中，如何将这些要素"接进来"是重点。

（4）开放性

能源互联网是具备扁平、对等和能量双向流动特性的能源共享网络，其发电装置、储能装置和负载装置都能随插随用，在符合互操作标准的前提下能够自主接入，在能量交换方面每个网络节点都很重要。

（5）智能化

能源互联网在一定程度上实现了能源在产生、传输、转换以及使用各个环节的智能化。

2. 全球能源互联网的战略价值

全球能源互联网高度融合了能量流、信息流以及业务流，为实现能源的智能化、网络化、自动化提供保障。那么，构建全球能源互联网会对自然生态环境和人们的生产生活有什么影响呢？

（1）生活方面

未来，全球能源互联网将会渗透进人类生产生活的方方面面。

在生产领域，在清洁能源系统和信息技术的支持下，整个能源系统能够实现智能化运作，促进大量的机械和自动化生产线更好地运转，并协同调节汽车、建筑、电源、工厂各部分联动运行。

在生活领域，全球能源互联网将为人类带来前所未有的便利。在能源互联网环境下，空调、冰箱、洗衣机、微波炉等家用电器以及火车、汽车等交通工具都将实现智能化运行。人们能够借助网络遥控家中的空调、洗衣机等用能设备实现自动运行，节约能源使用成本，享受更加便利的服务；人们还能作为亿万电力供应商中的一员，自动开放分布式电源、家庭储能设备、电动汽车充电设施等。普通家庭也可以借助全球能源互联网平台开展远程家电控制、移动终端购电、用户能源管理、综合信息服务和水电气多表集抄等智能化操作，全面提升生活的智能化水平。

全球能源互联网充分满足了用户的个性化需求。在能源利用方面，随着全球能源互联网不断发展，每个人都将拥有用能者和生产者的双重身份。不仅如此，人们还能对各个地区的能源进行自由选择，例如北极的风能和赤道地区的太阳能，也可以对各个时段中不同价格的用电套餐进行选择。在不远的将来，人类原本规模化的工作需求、商品需求、能源需求将转向多元化。通过全球能源互联网,工厂和办公室中的大量工作岗位将被转移到家里,改变人们的生产生活方式,解决交通拥堵和工业社会中的许多其他问题。

全球能源互联网使人类实现全面自主健康发展。全球能源互联网带来的科技革命以及相关成果的应用,大大推进了生产力的进步,全方位变革人们的生产、生活和交往方式以及社会关系。随着社会生产的智能化和自动化水平不断提升,机器和智能网络将代替人工完成枯燥的重复性工作,使劳动者能有更多时间和精力投入自己热爱的创造性劳动中,为人全面自由的发展提供充足的时间与良好的条件,开拓更加广阔的人生道路。

(2)社会发展

1)社会生产方式更协同

全球能源互联网存在交互性和协同性,与数字化、智能化制造业的融合能够促进"分布式"生产的发展。各个企业将通过互联的方式构建层次更高、规模更大的智能生产网络,改变传统的制造模式,推广多品种、小批量的生产方式,最大限度地提高能源利用效率。

2)社会组织形式更高效

随着全球能源互联网不断发展,全球范围内将开展更加广泛的社会分工合作,缩短从新科学、新技术、新理念转化为新产品、新服务、新应用的时间,减少转换成本。在这种环境下,人类的工作环境将变得更加宽松,社会组织将变得更加高效,人类的生活方式也将发生巨大改变,呈现出网络虚拟集中、地理现实分散的特点。

3)社会运转体系更智慧

随着大数据、物联网、5G、AI等技术在电力能源行业广泛应用,能源供应、电子商务、工业监测、远程教育、信息通信、物流交通以及家政医疗等各方面的服务将变得越来越丰富,全社会资源将实现共享,多行业将实现协同服务,开拓出更多的应用领域。

- 在城市管理领域，城市人口将享受到巨大的便利。城市管理者可以借助遍布全球的电网和通信系统获取气象监测、城市用能等数据信息，并对这些信息进行实时分析、决策和处理。
- 在医疗服务领域，网络医生可以和人体传感器进行实时联系，甚至能远程控制机械手术刀完成一些情况比较紧急的手术。
- 在个人生活领域，人们可以借助功能强大的智能可穿戴设备，例如智能手表、智能眼镜等，利用动作、语言操控这些设备中的应用程序，浏览新闻、听音乐、看视频，甚至启动车辆。
- 在商业经营领域，营销系统与物流系统将实现全范围融合，无人车等自动送货工具将取代人工，解决"最后一公里"配送难题，带给人们更加便捷的送货服务。

（3）生态环境

全球能源互联网极大地提高了全球清洁能源的消费占比，降低了各种温室气体和污染物的排放，缓解了生态环境问题，使人类能够享受到处处是碧水、青山、蓝天的生态环境，享受生态文明建设带来的利好。

全球能源互联网增强了气候变化的可控性，从根本上解决了全球气候难题。全球能源互联网建设大大降低了生态、水资源、粮食生产、城镇化建设、人民生命财产等方面所受到的威胁，减少了洪水、干旱、风暴、气旋、寒潮、热浪等极端气候的出现。世界卫生组织估计，自2030年起，减少温室气体排放，每年能挽救数百万人的生命。

全球能源互联网建设可以使生态环境变得越来越好，为人类解决许多能源生态问题。随着能源互联网建设不断推进，未来全球将持续缩小传统化石能源的生产规模、传输规模和消费规模，人们不需要再对使用化石能源引起的污染问题感到忧虑，也无须再为治理污染投入巨额资金。随着生态环境不断改善，人的生活质量将不断提升，人的平均寿命也将有所延长，因环境污染给公众健康带来的不良影响将彻底得到缓解。

5G 时代的智慧能源新生态

在能源行业中，5G 技术有着巨大的影响力，这种影响表现在资源整合、设施规划、投资变化、数字化水平提升以及行业升级转型的方方面面，可以为能源行业带来深层次的变革。在此形势下，能源行业要借助 5G 技术增进与通信行业的连接，整合并共享通信基础设施与电力资源，加快深化能源行业信息通信技术资本，实现数字化转型升级。

1. 推动电力和通信行业资源共享

为了推动 5G 实现规模化商用，运营商必然要大规模建设 5G 基础设施，对原有的通信基础设施进行改造，后期还要开展一系列维护工作，要为此承受巨大的资金压力。而电网公司拥有数千万杆塔资源，其中大部分杆塔可以满足通信设备的挂载要求。能源电力行业利用基础设施资源优势已抢先踏入通信基础设施共建共享领域，积极对通信行业开放输电杆塔，向通信基站建设伸出援手，创建了基础设施资源跨行业共享的新模式。与此同时，通信行业以物联网+互联网的信息化运营平台为基础，借助丰富的通信站址资源，成为电力杆塔信息监控和电力无线专网建设的有力支柱。

对通信行业来说，"电力塔"和"通信塔"实行跨行业资源共享极大地提高了通信基站的建设效率，满足了 5G 网络部署要求，降低了建设成本与投资风险，缩短了施工周期。对电力行业来说，电网企业盘活了资源，提高了资源利用率，有效拓展了电力塔的功能，实现了国有资产的保值增值。对社会公共资源来说，"一塔（杆）多用"降低了新增通信铁塔基站对环境的影响，减少了对土地资源的占用，有效防止重复建设和重复投资现象发生，将绿色发展、协调发展理念落到实处。

这种盘活资源、跨行业共享社会基础设施的经济模式是真正的共享经济,对在能源行业共建共享基础设施有着重大影响,是国内跨行业整合共享资源的优秀范例,也是最值得提倡的经济模式。未来,通信行业和电力行业将会探寻更广泛、更深入的合作方式,实现优势互补,达成合作共赢。

2. 助力能源行业实现智能化升级

经济社会数字化转型的关键使能器就是5G。在不远的将来,5G与大数据、云计算、虚拟现实、人工智能等技术的深度融合将实现万物互联,为能源行业的数字化转型和智能化升级提供重要的基础设施。一方面,5G能为用户提供更好的业务体验,再度升级人类的交互方式。另一方面,5G能为巨量的机器通信提供支撑,接入千亿量级的设备,推动移动通信在智慧城市、智能电网等场景实现深入应用。不仅如此,具备超高可靠性、超低时延等特性的5G技术也在能源行业的许多垂直领域中被广泛应用。

随着5G网络实现规模化商用,网络基础设施覆盖的范围越来越广,无处不在的网络将为能源行业带来各种新应用。一方面,智能设备将逐渐实现远程监控、自动修复等功能,催生新的交互模式,切实提高数据与内容的传送效率。另一方面,能源行业的硬件设施(例如电网、分布式能源、各种能源流动管路等)与软件设施(例如监控系统、能源管理系统等)都将提高网络连接能力,为5G在能源行业的深入应用产生积极的推动作用。

5G技术在能源行业的深入应用将从业务、产品、消费等层面带来巨大的变革,不仅会推动业务应用与终端产品创新,还会带动与能源互联网有关的消费,对智能电网、电动汽车、电网通信等行业的发展产生积极的推动作用。5G技术将作为能源行业进行智能化升级的关键技术融入能源行业生产、销售、服务、消费的各环节,促进产品设计、研发、服务、营销等环节的数字化、智能化和协同化,实现能源领域由线上至线下、由消费至生产的全生命周期、全价值链的智能化管理。

3. 激发能源行业加大数字化投资

作为能源产业发展的新形态,能源互联网实现了互联网和能源生产、传输、消费、存储、市场的深度融合,具有多能协同、设备智能、供需分散、信息对称、交易开放、系统扁平等特征。具备实时、高速、海量接入等优势的5G技术在能源互联网领域的深入应用,将推动能源互联网高效化、协同化、扁平化和绿色化发展。

在能源行业,5G主要从两个方面起到拉动投资的作用。一方面,能源行业大规模应用5G技术,需要在前期对网络设备、5G网络及相关配套设施进行大量的资金投入,这直接扩充了能源行业的资本规模,促进了能源行业的快速发展。另一方面,5G的高速率、低时延、低成本等优势促使能源行业增加了对5G产品、技术、人力等形式资本的投入,增加了信息通信技术资本的投资比重,提高了能源行业的数字化水平和投入产出效率,进一步推动了技术进步和生产效率的提高,优化了能源行业的结构。

5G技术与能源互联网的深度融合

能源电力是能源互联网领域垂直行业的典型代表,对通信网络提出了新挑战。能源互联网将以电力系统为纽带,综合利用多种类型的能源构建起由能量、信息和经济三者协同驱动的能源供用生态系统。其改革和发展在泛在性、智能性、可靠性、可信性和开放性方面对信息通信提出了新要求。新的互联网要满足传输速度快、可以实现全面感知和全程在线的要求,为电网业务提供强有力的信息通信支持,满足能源系统智能自治、安全高效、绿色低碳、平等开放和可持续发展的需求。

能源互联网比智能电网更注重新能源的比重和影响。从能源层面看，能源互联网尝试对各类新能源进行整合，创建一个覆盖了智能通信、智能交通、智能电网等许多绿色、智能概念的超级网络。

在此形势下，5G 网络在能源互联网行业的深入应用定会促进能源行业向着智能、协调、清洁、安全的方向发展，提高能源行业的信息化水平和智能化水平，切实保障经济发展的用能需求，为新一轮的智能化革命奠定良好的基础。

可编排、功能灵活的网络是实现能源互联网多样性的重要基础，这个网络要满足以下要求：第一，能达到毫秒级超低时延（一般小于 20ms）；第二，可以满足高可靠性要求的隔离功能；第三，超大规模连接能力。在轻载情况下，4G 网络的理想时延大约为 40ms，而电网控制类业务对时延的要求低至毫秒级，是 4G 远远无法满足的；4G 所有业务都在同一网络中运行，满足不了电网关键业务隔离的要求；4G 网络为所有业务提供相同的功能，无法为多元化业务的开展提供支持。

1. 能源互联网与 5G 技术的正向耦合

能源互联网具备对等、开放、分享、互联的基本特征，能够实现信息和能源的双向流动，是一种对等网络。能源互联网在采集信息和传输数据时需要借助高传输速率、低时延的 5G 网络来确保电网信息流的双向传输；数据汇聚点和能源互联网信息在加工后进行展示形成了具备多样性特征的数据融合与信息展示平台，它需要利用大数据技术挖掘并分析数据，有针对性输出并应用数据处理结果。能源互联网应用的高级阶段是对网络中的各单元提供应用平台和服务平台，需要借助 5G 网络保障用户体验的质量和安全。

能源互联网的发展想要紧跟全球信息通信技术的发展步伐，必须在信息通信的实时性、安全性、可靠性等方面取得重大突破。

2. 5G 技术赋能能源互联网

通信技术相当于能源互联网的中枢神经系统，能够合理调配能源，产生新的应用和服务。随着用电信息采集、用户双向互动、电动汽车服务、配电自动化、分布式能源接入等业务迅速发展，各种电力终端、电网设备、用电客户通信爆发式增长，由传感器组成的无线网络需要为遍布各处的采集和传输服务，能源互联网对实时、高效、稳定、可靠的新兴通信系统和技术的需求越来越迫切，新的电力服务和交易平台也要有优质的网络提供保障。5G 有比 4G 更突出的能力，有利于能源互联网迅速突破发展瓶颈。

① 作为新一代无线通信技术的 5G 技术在设计初期就已经将人—物通信和物—物通信（机器通信）的需求场景全都考虑在内。在具备海量接入和超低时延等特性的 5G 网络环境下，电网信息流可以实现高速双向传输，满足大规模的用户使用需求，为电网安全高效运行提供强有力的保障。

② 5G 网络切片技术在可隔离性和安全性方面能够达到"专网"等级，能向各用户单元提供个性化服务，与企业自建光纤专网相比成本要低很多。

③ 5G 边缘计算技术利用网关分布式下沉部署的方式进行逻辑运算并处理本地流量，既节省了带宽，缩短了时延，也满足了电网工控类业务对超低时延的需求。

5G 网络切片在能源领域中的应用

具有低时延、大连接、高可靠、高安全等优势特性的 5G 网络极可能成为能源互联网的重要通信手段。5G 系统中的海量机器类通信（mMTC）、高可靠低时延（uRLLC）、增强移动宽带（eMBB）三大基础能力有利于电力运行产生新的用电服务模式和作业方式，推动电网业务实现智能化升级，加快电力新兴业务的发展。

1. 5G 网络切片

为满足垂直行业对网络连接多样化的需求，5G 推出网络切片。5G 网络切片能针对各个垂直行业的不同需求，为其提供差异化、可隔离、功能定制化的网络服务，实现客户化定制的网络切片的设计、部署和运维，在不同功能场景和设计方案中可进行独立裁剪。5G 网络切片是基于一个通用硬件，虚拟出众多具有不同网络功能、可以满足不同类型服务需求的端到端的网络。5G 网络切片的典型特征包括自动化、业务隔离、网络功能按需定制、端到端网络保障服务等级协议（SLA），这决定了它能让通信服务运营商提供网络即服务（NaaS）并动态分配网络资源，给行业客户提供更便捷的服务、更灵活的商业模式以及更强的安全隔离性。

运维、切片设计、切片运行、部署使能、能力开放、闭环优化等都属于 5G 网络切片。切片定制化设计是保证切片敏捷性与业务独特性的重要策略，这里的切片定制化设计包括切片的模板设计和实例化设计。其中模板设计需要通过通信服务管理功能（CSMF）、切片管理功能（NSMF）和子切片管理功能（NSSMF）相互协同来实现，这里的协同包括能力通报、能力分解和能力匹配。5G 切片管理能力如表 10-1 所示。

表 10-1　5G 切片的模板设计

网络切片管理功能	定义
CSMF	通信服务管理功能，负责将通信业务相关需求转化为网络切片的相关需求
NSMF	网络切片管理功能，负责 NSI（网络切片实例）的管理和编排，以及从网络切片 E2E（端到端）需求中衍生出切片各子网相关需求

续表

网络切片管理功能	定义
NSSMF	网络切片子网管理功能,负责NSSI(网络切片子网实例)的管理和编排

2. 5G及电力切片应用实践

坚强智能数字电网以泛在电力物联网为基础,从配网差动保护、精准负荷控制、配电自动化、用电信息采集、配网状态监测、实物ID、智能巡检、视频监测控制等典型业务场景切入,就数字电网对网络带宽、网络传输时延、协议接口、网络传输的安全性与可靠性,网络传输距离,网络传输终端的密度等业务需求进行分析,生成适配性较高的试验验证方案及端到端网络切片方案来建立更完备的5G内、外场验证环境,对5G网络的性能、安全、网络切片、业务承载性能进行验证,探寻基站共建共享、网络切片租赁等新型商业模式,支撑5G技术在能源、电力行业的深入应用。

① 中国移动在上海临港新城开展基于5G网络的智能配电网同步相量测量装置(PMU)应用的研究、测试与验证工作。配电网PMU要求通信时延短、通信频次高,而且需要传输的数据类型多种多样。经实验室测试发现,端到核心网通信回环时延控制在10 ms以内;借助外场业务挂网测试基本验证5G网络能达到配网PMU业务在时延和可靠性方面的要求。

② 中国电信在雄安新区开展基于5G网络的电力业务适配性试点验证工作,选择了两个项目开展业务承载性能测试,一个是配电自动化,另一个是用电信息采集业务。测试结果证明:在3.5GHz和4.9GHz两个公网5G频段,最大上行通信速率为467.9Mbit/s,端到端通信的平均时延为13～27ms,配电自动化遥控响应时间是23ms,可以满足业务开展需求。

③ 2019年4月3日,国家电网在河南郑州官渡变电站建成我国首座

500kV 高压变电站 5G 测试站，变电站与省电力公司借助 5G 网络实现了远程高清视频交互，这是我国首次将 5G 技术运用到超过 500kV 级高压/特高压的变电站中，对 5G 网络在高电磁复杂环境中的高可靠性及大带宽业务特性进行检验，结果发现现场单用户实测速率超过 400Mbit/s。

除此之外，5G 的应用场景还有很多，包括电力无人机巡线、远程移动视频监测控制、变电站机器人巡检、变电站设备运行状态监测控制等，还可以辅助变电站对监测、控制、作业、安防等业务进行升级，提高业务场景的可视化及智能化水平。

④ 中国电信、国家电网和华为在南京完成了业界首个在真实的电网环境下，以最新第三代合作伙伴计划（3GPP）为标准的 5G 独立组网（SA）网络的电力切片测试，借助 5G 网络毫秒级低时延能力和网络切片的 SLA 保障，成功地实现了在突发电网负荷超载的情况下更加精准地管理末端小颗粒度负荷单元。该测试对核心网切片应用的可行性进行初步验证，发现端到端的平均时延为 37 ms，而精准负荷控制对端到端平均时延的要求为 50ms。也就是说，5G 网络完全可以满足精准负荷控制对网络传输时延的要求。

在配电和用电方面，以现有光纤专网为基础，5G 网络切片还可以提供质量高、成本低的补充解决方案，满足低压用电信息采集、毫秒级电网负荷控制和智能分布式配电自动化等业务开展的需求。

5G 下能源行业的发展建议

若要完全挖掘 5G 的发展潜能，利用 5G 先导优势推动能源行业快速实现数字化转型升级，进一步提高能源企业的综合竞争力，能源企业必须掌控 5G 发展窗口，积极研究 5G 与能源行业的融合创新，大力开拓 5G

业务的能源应用领域，快速制定5G与能源跨产业融合的多元化战略，尤其要重视构建自身信息安全体系，在与网络安全相关的技术和应用上增加资金投入。

1. 采取跨产业融合的多元化战略

在当前正蓬勃发展的数字经济中，彼此融合的通信、计算机和内容产业构成了主要的经济部门。如今正处于5G和能源行业的融合时期，以5G技术为技术基础的通信、计算机及内容产业将迎来大量结构性变化，激起产业领域的深层变革，加强跨行业的融合发展，并推动新型信息化和工业化实现深度融合。随着结构升级、技术创新、设施规划不断推进，5G与能源行业的跨产业融合将逐步实现，能源、通信领域的领军企业也会把握这个时机，强化跨产业合作，针对某些特定的行业和业务领域做加减法。

在产业融合的严峻形势下，能源企业的视野不能再局限于自身原本的市场和资源，要以开放的姿态迎接产业融合的到来，及时对规制和技术变化进行战略调整，以多元化投资的方式跨入相近产业，利用自身的资源基础深度融合多元化活动，为构建规模经济和范围经济体系制定跨产业融合的多元化战略。

2. 重视企业信息安全体系的构建

在金融体系和国家机构的网络安全遭受威胁时，能源行业燃料动力综合体等各工业领域的网络安全也将面临巨大危机。例如，美国在2015年10月至2016年9月发生了290起网络安全事件，发生在燃料动力综合体企业中的就有66起。

5G拥有能满足移动网络海量数据需求的云化和虚拟化技术，不仅为用户提供了丰富多样的业务服务模式，也大大提高了数据隐私和安全保护的标准。5G 的数据传输速度快、业务更加多元化，移动终端的漏洞更容易被黑客发现，从而受到攻击。如果漏洞被攻破，将产生难以估量的损失。对信息安全软件提供商发布的数据进行分析可以发现，工业计算机网络在所有受攻击的计算机网络中的比重越来越高，新增网络漏洞数量已经远远超过解决危险的网络漏洞数量。

能源领域的燃料动力综合体也存在这样的情况。在 5G、物联网和区块链等技术快速发展，分布式能源、智能电网等概念被广泛传播的今天，能源软硬件设施的复杂性越来越高，智能设备的数量和需要与外部环境连接的传感器、工控系统、能源生产设备越来越多，"无人操作"设施逐渐普及，可编程控制器的数量和功效也远超从前，能源行业和通信行业正在快速融合。在这种情况下，5G 应用在能源行业的应用对燃料动力综合体的安全提出了更高的要求，能源企业的网络安全和信息安全问题也能得到妥善解决。5G 时代的能源企业要协调网络安全和制定网络安全解决方案，进一步加强网络安全和信息安全体系建设，加大资金投入，研发与网络安全相关的新型技术。

3. 加强行业与 5G 的融合创新研究

5G 目前正在形成技术标准和实现产业化的关键期，世界各国都将 5G 作为国家数字化战略中优先发展的部分，不断完善产业布局，打造新的竞争优势。我国也不放过这一历史性的新机遇，持续推进统筹规划，促进 5G 产业化发展，提前建设网络基础设施，创建产业生态环境，深度融合各领域的应用，全盘开启 5G 发展的新格局。随着 5G 的普及应用，5G 技术、5G 应用与各行各业的融合速度越来越快，行业中不断展露出新业态、新模式。根据目前的情况，在能源行业中，5G 的重点应用场景将涵盖智能电网、电网通信、电动汽车、可再生能源等。

能源企业要高度重视 5G 与行业的融合创新研究，大力拓宽 5G 业务的应用领域，实现深度融合。能源企业还要持续跟踪研究能源行业对 5G 技术的需求，强化与个人用户的对接，快速发掘新的增长点；积极开展关键技术研发与应用示范工作，充分发挥 5G 在能源行业发展过程中的信息化支撑作用；强化与电信运营商及世界领军通信设备企业的沟通，并与其在智能电网建设和通信业务服务等方面开展深入合作，以求 5G 网络能为专业应用场景提供更强有力的保障。

第 11 章
能源区块链：应用场景与典型案例

"区块链+能源"的应用优势

近两年，区块链技术快速发展，逐渐成为一个热门话题。区块链技术集成了共识机制、分布式账本、非对称加密、点对点传输等核心技术，能有效避免传统交易模式中数据被篡改的问题，记录更加真实可靠的信息，建立可信交易环境，创建可信社会。其中的共识机制是一种数学算法，可以增强各个节点之间的信任、获取权益。

区块链的相关应用已经从金融领域渗透到智能制造、物联网、数据存证及交易、供应链管理等诸多领域，为承载网络、大数据、云计算等新一代信息技术创造了新的发展机遇。区块链解决了人们互不信任的问题，它所建立的可信机制能革新目前的社会商业模式，带来新的技术创新和产业变革。

能源行业引入区块链技术是为了获取完全去中心化的能源系统，直接在生产者和消费者之间传递能源供应合同。区块链技术对增强生产者和个人消费者的市场影响力有积极作用，这使用户在购买和销售能源方面获得了极高的自主权。区块链技术不仅能执行能源供应交易，还能为计费、计量、结算流程提供基础，在能源领域有着异常广阔的应用前景。

区块链技术和能源互联网存在内在一致性，能源行业可以借助智能合约打造一个无人化智能能源互联网。从本质上说，能源互联网和区块链技术都离不开智能设备物联网，智能化、互联网化的设备与不断发展的能源互联网相互依存、相互促进。

价值网络参与主体的智能化、物联化对区块链技术来说也同样重要，以区块链为基础的智能合约不仅可以实现实体或数字资产的交换功能，更重要的作用在于不可篡改和集体共识特征。在没有人为干预或较少人为干预的前提下，预先定义好的代码可以自动在区块链上调用数据并执行任何可计算的逻辑功能，输出执行结果。因此，智能合约的实际意义是为区块链各主体间的互动定义智能化的条款和规则，而且能在无人参与的情况下执行各种复杂的逻辑算法，这种特征也叫图灵完备。站在这个角度上看，能源互联网的智能设备网络想要彻底实现无人化，就不得不使用区块链技术，特别是区块链中的智能合约技术。

具有去中心化、可分散特点的区块链能够创建一个去中心化的能源系统，其优势主要表现在以下三个方面，如图11-1所示。

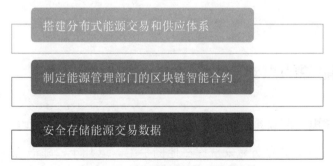

图11-1　区块链能源系统的优势

1. 搭建分布式能源交易和供应体系

区块链在能源行业的应用可以打造一个去中心化的能源供应系统，简化能源供应系统的层级。在这个简化的能源供应系统中，供应商、电力生产商、配电系统运营商以及传输系统运营商可以直接联系生产者和消费者，开展各种交易活动。

2. 制定能源管理部门的区块链智能合约

区块链技术和智能合约能够有效控制能源网络，其中智能合约能将信号发送至系统，确立启动交易的规则。这类流程能够在智能合约预定义规则的基础上保证全部的存储流和能量都是自动控制的，对平衡供给和需求有积极作用。例如，当产生的能量高于需求时，智能合约能保证多余的能量回传到存储器中继续保存。

3. 安全存储能源交易数据

能源企业利用区块链存储所有能源交易数据，可以保证所有能量流与业务活动安全地记录、保存。智能合约可以通过防篡改的方式将交易流和能量在区块链上记录下来。因此，分布式能源市场逐渐走向数字化，为区块链技术提供了新的商业模式和创新发展机遇。

区块链能源的点对点交易

在传统电力交易市场中，只有少数寡头承担得起高昂的电力基础设施建设费用，因此电力交易只掌握在他们手中。近几年，随着光伏技术不断提高，部署家用光伏发电设备的家庭越来越多。但这些家庭在光伏发电设备安装方面投入巨额资金，却没有将光伏产生的电能充分利用起来，无形中遭受了一定的损失。现在已经有越来越多的家庭尝试通过网络向其他用户出售自家的余电，试图以较低的价格让更多人关注清洁电力。

受地域、经济等因素的制约，我国一直存在电力供求失衡的问题。智能电网能有效解决这一问题,而搭建智能电网的最优选择正是区块链技术。数字化、智能化的电网能够实现自主运行、自我优化,可以提高电力生产与和电力消费的精准化、精细化程度,提高资源利用效率,辅助管理人员做出更具前瞻性的决策与判断。

P2P(点对点)能源市场平台集中了很多区块链能源项目。在当前能源行业,区块链的主要应用场景是能源的点对点交易,可以将消费者、售电部门及电力生产者直接连接在一起,大大降低了电力的交易成本,提高了交易效率。

【案例1】LO3 Energy:布鲁克林微电网

位于美国纽约布鲁克林的区块链创业公司LO3 Energy和西门子数字电网(Siemens Digital Grid)、比特币开发公司(Consensus Systems)达成合作,于2016年4月创建了世界首个使用区块链技术推动点对点电力传输的能源项目——布鲁克林微电网(Brooklyn Microgrid)。

布鲁克林微电网能帮助社区居民实现点对点电力交易。用户利用智能电表就能实时获取发电量和用电量等数据,还可以借助区块链向他人购入或售出电力能源,电力能源交易不需要再使用公共的电力公司或中央电网。

不仅如此,公司若是有能源生产资质,如太阳能电池板等,就可以借助微网向社区出售未使用的能源。具体来看,LO3 Energy公司还推出能源区块链交易系统——"Exergy",该系统的技术架构主要涉及三种技术:可以安全保存全部数据,防止数据被篡改的加密分布式账本技术;能自动处理全部交易流程的可扩展智能合约;能高效管理交易流和微网电流的链上微网控制系统。

【案例2】The Sun Exchange:连接世界的能源区块链

虽然许多社区可以通过改变太阳能用能结构、用能方式发生巨大改变,但一些偏远地区很难安装光伏发电设备,无法实现对太阳能的充分利用。为了解决这一问题,The Sun Exchange 将 P2P 能源交易模式扩展至全球,支持用户在全世界范围内购买太阳能,再向其他消费者出售这些能源。

The Sun Exchange 与太阳能公司合作将太阳能发电设施建设在南非等太阳能资源丰富,但太阳能利用设备安装不足的地区,然后将经过专家评估的安装费用公布在网站上。投资者以购买太阳能区块的方式向这个项目投资,然后通过出售发电设备生产的电力获取相应的回报。整个网络采用的是区块链技术,使用代币既可以让整个交易过程绕过交易所等中介机构,降低交易成本,还无须转换不同国家的货币。

分布式能源系统的构建

分布式能源系统建立在互联网的基础之上,具备互联网以及互联网经济的各种优点,包括支持能源和信息双向流动,可以记录数据并对数据进行管理等。在区块链技术的支持下,可以借助加密货币保障支付安全,对合同的依赖度大幅下降,合同只是一个数字。区块链上的任意交易都可以被数千个"证人"验证,如果使用公共链接还能引入免手续费模式,极大地降低交易成本。

验证交易的过程并不是通过有限的中央系统来进行的,而是借助大量分布式计算系统中的数据模式来完成的,因此,在区块链上开展的能源交易可以随时批准、随时进行,生产者和消费者甚至有可能开展免费交易,无须支付任何手续费。

传统的交易模式是由交易人员来执行交易的,银行需要确认买方账户中有无足以支付的款项,中央权力系统要对交易进行监管、监视和记录。

使用区块链技术则可以直接进行交易,无须银行机构介入,也不需要中央权力机构进行监督,这种交易方式可以避免中间环节的手续费,降低交易成本。

【案例1】Electron:打造能源界的 eBay

总部位于英国的 Electron 公司借助区块链技术创建了一个分布式的电力和天然气计量系统,建立了包括灵活交易、资产注册和智能计量表数据保密系统在内的区块链平台"生态系统"。

英国没有可供用户使用的统一的电力和天然气计量表,如果要切换使用这两种能源要耗费两到三周的时间,而 Electron 可以利用区块链技术有效管理能源计量表,在几分钟内完成能源切换。所以,打造能源界的 eBay 是 Electron 的最终目标。为支持公用事业公司和电网运营商研发并推出更加灵活的产品,Electron 正在建设一个新的交易平台,努力实现能源资产共享,快速响应价格信号。

【案例2】碳链:碳资产区块链平台

在中国,CCER(Chinese Certified Emission Reduction,国家核证自愿减排量)❶碳资产从发起到上市交易至少要耗费 10 个月的时间,极长的周期和复杂的过程对控排企业和减排企业控制经济成本来说是非常不利的,也会对未来能源的清洁化、分布化、金融化发展产生消极影响。

全球第一个能源区块链实验室于 2016 年 5 月在北京成立,这个实验室计划以深度融合区块链技术与碳市场应用场景的方式创建一个成本低、可靠性高的碳资产开发管理区块链平台,其产品表现形式是基于区块链的互联网服务,以区块链为基础打造一个更加便利的碳资产开发平台。

---

❶ CCER 指对我国境内可再生能源、林业碳汇、甲烷利用等项目的温室气体减排效果进行量化核证,并在碳交易所注册登记的核证自愿减排量。

平台通过发行碳票这种数字资产，在基于区块链的协作共享分布式账本中纳入碳资产开发的参与方，使参与方能够在评审和开发过程中进行互动，实现基于区块链的文件和数据传递，创建一个高效的碳资产协作网络。能源区块链实验室不仅开发出了碳资产管理应用，现在还与合作伙伴一同面向能源生产、配送、交易、消费、管理等多个环节。开发基于区块链技术的虚拟电厂考核计划、分布式光伏售电结算、电动汽车账户管理等多项能源互联网应用。

电动汽车的区块链能源

与传统汽车相比，电动汽车最重要的特征是数字化。区块链可以用于电动车动力电池溯源，其中非常重要的一个应用场景就是电池的梯级利用。由于区块链技术可以准确记录下电池全生命周期的数据，且保证数据真实、不可篡改，这样的数据对形成电池长期评估标准是非常有利的。

德国能源公司 RWE 公司旗下的 Innogy SE 开发并推出了使用以太坊网络的"Share & Charge"区块链平台，现已在德国建成几百个基于区块链的电动汽车充电桩。在德国，大约 92% 的电动车主会选择在家中为电动汽车充电，而"Share & Charge"平台倡导付费共享家庭充电站，可以极大地提高清洁能源的利用率。

不仅如此，区块链技术还能帮 Innogy SE 公司降低运营成本。当用户在平台完成车辆信息的注册登记后，就可以向数字钱包转入法定货币。之后，无论用户什么时候连充电桩，以太坊区块链都会向充电桩运营商支付充电费用。

位于旧金山的创业公司 Oxygen Initiative 也加入了"Share & Charge"，

在美国推出基于区块链的服务平台，支持司机通过该平台完成关于清洁能源的全部操作，包括共享充电桩、电动汽车充电、支付通行费等。

基于区块链的批发能源交易市场

在传统能源批发市场，能源交易大多依靠手动操作，使用孤立的IT系统，通信效率较低，交易所和定价机构、经纪商之间的交易成本非常高，后端操作流程复杂，需要投入大量时间核对交易信息，由此产生的操作成本也比较高。在区块链技术的支持下，这些问题都能得到有效解决。

【案例1】BTL：解决核心问题

成立于2015年的BTL（Blockchain Technology Limited，区块链科技有限公司）最初主要面向金融服务业，与Visa合作致力于跨境结算业务的完善，后来向能源行业进军。BTL在批发能源交易过程中发现可以利用区块链预先解决交易确认和核对问题。交易主体可以借助区块链技术创建共享账本，交易结束后以手动的方式开展通信，即贸易对象通过邮件和传真对交易数据进行核对，找出其中不符合交易事实的内容。

BTL提出通过在贸易商之间部署共享账本的方式进行调整，将交易信息记录在区块链上。这个系统可以充分保障交易数据的安全，让交易主体无须再各自存储数据，保证存储信息的透明度与精确度，加快工作流程，降低人为操作对数据的影响。

批发能源交易还存在隐私性和扩容性的问题。为了解决这些问题，BTL开发了私有链平台Interbit，尝试在每个双边关系配备一个区块链，再用一个通用的区块链目录连接起全部的区块链，消除对已有区块链目标的依赖。

【案例 2】Ponton Enerchain：搭建集成化交易系统

德国 Ponton 公司自 2000 年起就向 B2B（Business to Business，商业对商业）市场提供软件集成解决方案，致力于面向能源批发市场打造一个标准化、自动化的商业流程和能源交易周期，第一步是由掌握着大量市场情况和交易信息等资源的第三方机构提供网上交易，但这种交易方式需要交易双方支付高昂的中介费用，耗费较多时间成本。

Ponton 公司的目标是以部署 Enerchain 中间网络的方式简化交易流程，去除中介机构。在集成性交易系统中，交易员可以在无须第三方参与的情况下通过网络直接提交和执行交易，这种去中心化的交易方式能大大降低运行维护成本和交易成本。

在 2016 年举行的 EMART 能源交易会上，有 23 家能源交易公司结成开发使用能源区块链的联盟。Ponton 开发的 Enerchain 支持使用加密技术的交易机构匿名发送订单，并支持另一家交易机构查看订单，整个过程不需要第三方机构参与。

第四篇 数智化实践：未来能源的"智慧图景"

第 12 章
智慧油田：油田企业的智能化转型

智慧油田的内涵与特征

回望历史，人类社会的信息化发展经历了四个阶段，分别是手工阶段、数字化初级阶段、数字化成熟阶段和智慧阶段，如表 12-1 所示。随着信息技术及相关配套技术的快速发展，人类社会进入信息化发展的高级阶段——智慧阶段，这个阶段具备感知、可视化和智慧的特点。

表 12-1 信息化发展历程

发展阶段	具体特征
手工阶段	手工操作为主，极少数字信息，信息存放在独立计算机系统中，缺少专业系统
数字化初级阶段	计算机普及，实现专业数据和业务信息数字化，生产管理和业务流程实现数字化、可视化，初步集成和整合了数据信息
数字化成熟阶段	全面覆盖各业务领域的计算机应用，生产经营管理流程、业务流程与计算机系统实现融合，大量数据集成和应用集成，实现了初步自动化处理
智慧阶段	知识库、专家经验的管理和应用；利用专家经验、知识、模型辅助管理和决策；实现实时监控、可视化，全面自动化控制和处理，减少人为干预；生产预测和优化；事先反应能力

在这种时代背景下，随着大数据、人工智能、物联网等各种新型技术在油田行业实现广泛应用，智慧油田实现了快速发展。

1. 智慧油田的内涵

智慧油田是以数字油田为基础，通过对人工智能、大数据、5G等先进信息技术进行综合利用，实现对油田运行状态的全面感知、对油田变化趋势的精准预测，为油田管理决策的制定与优化提供科学支持，促使油田实现智能化管理。简单来说，智慧油田就是具备全面感知功能，可以自动决策、自动操控以及自主优化决策的油田，实现路径如下。

① 智慧油田利用传感技术建立一张全覆盖的传感网络，将各个业务环节串联在一起，对各业务环节进行全面感知。

② 智慧油田利用自动化技术对油气井与管网设备进行自动化控制，对油气管网的峰值进行自动调节以维持平衡，对油田内各类生产设备进行远程操控。

③ 智慧油田利用模型分析技术对油藏状态进行动态模拟，对单井的运行状态进行分析与预测，对生产过程进行优化，推动完井工艺实现智能化升级与改造，并对整个过程进行实时跟踪，借助专业数字模型提高系统的模拟分析能力、预测预警能力以及过程自动化处理能力，对油田生产趋势进行精准分析与预测。

④ 智慧油田利用计算机系统与人工智能打造可视化协作环境以获取信息整合与知识管理能力，并借助勘探开发地质研究专家的知识与经验对油田勘探事宜进行科学部署，提高系统自主学习能力与生产优化能力，为优化油田决策与管理提供强有力的支持。

2. 智慧油田的基本特征

智慧油田有六大基本特征，分别是实时感知、全面联系、自动处理、预测预警、辅助决策、分析优化，如图12-1所示。

图 12-1 智慧油田的基本特征

（1）实时感知

智慧油田借助传感网络实时监控油田运作的各个环节，一方面实时采集油田生产过程中产生的数据，另一方面利用视频技术实时查看油田生产现场以及会议场所的情况。

（2）全面联系

智慧油田借助全面感知技术促使油田生产现场与指挥室以及人与机器之间实现相互协同，对油田生产活动进行远程操控。

（3）自动处理

智慧油田可以利用自动化技术与优化技术对采集到的数据进行深入分析，生成操作指令实时反馈到油田生产现场，促使油气井与管网设备实现自动化控制。

（4）预测预警

智慧油田基于对历史数据的分析，通过数据挖掘、模型分析对油田生产趋势进行模拟与预测，包括对油藏情况进行动态模拟，对单井运行情况进行分析与预测，对油田生产事故进行预警。

（5）辅助决策

智慧油田有很多辅助决策模块，包括油田行业专家的知识与经验、成功项目的研究成果、可视化的信息协作环境等，可以对油田生产情况进行综合分析，为最终决策提供科学支持。

(6)分析优化

智慧油田通过建立标准化的评价指标体系,利用综合评价技术对油田的生产运行状况、油气藏地质条件、决策结果进行分析,生成最优方案,提高油田生产管理的科学化水平,推动油田生产向着更智能、更优化的方向发展。

智能化油田勘探与开发

数字油田的创建与运行离不开两大要素的支持,一是全面的、标准化的数据,二是全面覆盖的、高带宽的通信网络。数字油田是智慧油田的基础,相较于数字油田来说,智慧油田除数据与网络外,更强调各个业务环节建立紧密联系,提高业务开展的自动化、智能化水平。

1. 油气勘探

在油田的整个业务流程中,油气勘探处在最上游。想要打造智慧油田,生产企业首先要对油气勘探进行智能化改造,为此需要做好以下四点,如图12-2所示。

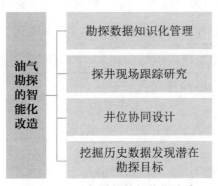

图 12-2 油气勘探的智能化改造

（1）勘探数据知识化管理

生产企业要创建油气勘探数据知识库，这个知识库将汇聚研究人员上传的知识与作业人员上传的任务或问题解决途径，为专业人员获取知识、共享知识、利用这些知识做出最佳决策提供强有力的支持。

（2）探井现场跟踪研究

生产企业要提高对油气勘探现场进行实时监控、判断与处理的能力，获取油气勘探现场的各类数据，包括实钻数据、随钻测量测试、钻井液数据等，并对油气勘探现场进行实时监控，对钻头轨迹进行准确模拟，当钻头偏离预定路线时要及时发出提醒，由工作人员及时调整井眼，重新设计钻探方案，并将相关信息及时反馈给现场的操作人员。

（3）井位协同设计

生产企业要建立一个协同工作平台，对管网信息、地理信息、地质信息、社会信息等信息进行整合，借助该平台为油田领域的业务专家、信息专家以及油田集团的各级领导提供协同的设计环境和审批环境，提高井位设计过程的科学性，促使各类人员实现更加便捷的交流与互动，切实提高方案审批效率。

（4）挖掘历史数据发现潜在勘探目标

生产企业要对物探数据库、地质数据库、井资料库和生产动态数据库进行综合利用，创建数据挖掘模式，确定分析主题；对历史数据进行分析与挖掘，从中提取真正有价值的信息，对这些信息进行进一步研究与分析，从中发现潜在的勘探目标。

2. 油藏评价

在油田勘探结束后，正式开发之前，生产企业要对油藏进行评价。具体来看，油藏评价智能化要通过以下几个方面来实现，如图12-3所示。

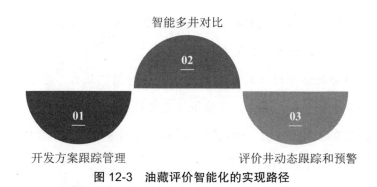

图 12-3　油藏评价智能化的实现路径

（1）开发方案跟踪管理

油田生产企业首先要对油田开发方案进行知识化管理，包括对历史资料进行对比分析、整合资料、提取信息、模糊检索等；其次要对油田开发方案进行跟踪管理，包括根据实际情况对油田开发方案进行调整，对油田开发现场进行跟踪监控，对油田开发过程进行协同管理等。具体来看，油田开发方案的跟踪管理要实现下述目标。

- 对油田开发方案的实施过程进行跟踪监控，根据具体情况对油田开发方案进行调整。
- 根据油田开发情况以及对油藏的模拟分析结果，优化油田开发方案。
- 提取并积累油田开发方面的知识与经验，对这些知识与经验进行整合利用。
- 对各个专业与部门进行协调，打造一个协同工作环境。

（2）智能多井对比

油田生产企业通过设定对比条件对油气井之间的信息进行对比，或者对单个井在某个时间段内的变化趋势进行对比，将对比分析结果展示出来，为油藏评价及生产决策提供支持。具体来看，智能多井对比要做好以下三点。

- 创建完备的单井数据库,该数据库要涵盖井参数数据、试油试采数据、生产数据、岩芯分析数据等。
- 明确智能多井对比的条件与方法,从时间、压力、地质特征、区块条件、含水、层位、产量等维度进行对比。
- 利用直方图、饼图、曲线图、照片、视频等形式展示对比结果。

(3) 评价井动态跟踪和预警

油田生产企业要对计价井进行实时跟踪与研究,全面、精准地获取地质资料,实现油层段准确取芯,对油藏轮廓、储量、预期采收串、产能和预期经济价值做出精准描述,具体包括以下几点。

- 在钻井过程中进行多井对比以及小区域地层对比,形成区域构造剖面,对目的层进行预报,从多个维度对地层做出综合、准确、详细的评价。
- 在钻井过程中,如果预计的油层段发生变化,要及时发出提醒并进行循环观察。在这个过程中,研究人员要迅速探明问题成因,制定解决方案,及时反馈给井场。
- 对油田岩芯数据进行分析,对各个地层组段的岩性特征做出全面了解,为及时发现油气层段提供科学依据。
- 对钻井的油气层、生油层进行统计分析,对单井油气资源进行评价,对油气资源评价进行横向对比与分析,对方便开采的生油、储油位置做出精准定位。

3. 油气开发与生产

智能化的油气开发与生产要通过以下几个方面来实现,如图12-4所示。

(1) 智能油气藏管理

油气藏管理的智能化要做到以下几点。

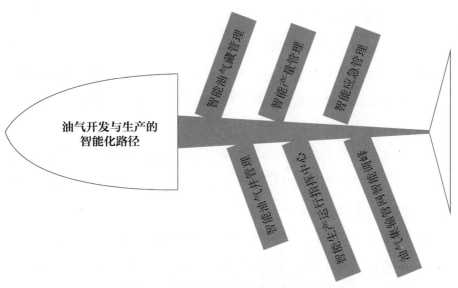

图 12-4　油气开发与生产的智能化路径

- 油藏监测与实时模拟：创建油藏模型，根据油藏监测数据对模型进行实时更新，并且根据历史油藏模型或者类似的油藏模型对该油藏模型进行论证与校准，根据油藏模型对油田开发趋势进行精准预测，对油田开采过程进行优化。

- 油藏分析和预测：根据数字化油田环境对油藏历史情况进行对比，并根据历史生产数据对油藏模型进行校准，提高预测精度，为油气开发与生产提供科学指导。

- 根据油藏模拟对油气生产与作业流程进行优化：根据油田的压力、温度、开采量、产出液体成分等因素下达生产指令，制订短期与长期生产计划，对油田产量做出相对精准的预测，为油田日常生产管理调度提供指导。

- 措施闭环管理：推动选井系统、方案评估系统以及效果评价系统实现智能化升级，从多个维度对增产措施的实施效果及其对区域的影响进行科学评估。

（2）智能油气井管理

油气井管理智能化要做到以下几点。

- 单井动态模拟和监测：对油（气）层边界到井口这个过程创建系统模型，并进行模拟，对井筒、油（气）层、井况动态进行实时监测，发现异常自动报警。
- 油气井分析预测和优化：根据油气井动态模型对单井问题进行分析，对问题发展趋势以及单井油气产量进行预测，并借助专家系统制定优化调整方案。
- 机采效率优化：对采油举升设备进行自动监测与管理，对机采系统的运行规律进行深入分析，提高机采系统运行效率，为设备选型提供支持，保证所选择的机采设备与系统的性价比。

（3）智能产量管理

产量管理智能化要做到以下几点。

- 产量趋势预测和预警：以产量构成分解为依据，根据单井预测和油藏模拟的双重结果对油田产量进行预测。在油气开采过程中，如果区块产量与综合含水变化超出正常范围要及时发出预警。具体来看，油气产量趋势预测可以使用的方法有很多，包括常规递减分析、手动拟合预测、同类型对比预测等。除这些常规方法以外，还可以采用单井分析与油藏分析相结合的方法对区块综合含水情况及油气产量发展趋势进行预测。
- 产量变化因素分析：如果油气的实际产量与预计产量相比存在异常变化（包括增产与减产），要及时对导致这种变化的原因进行分析。

（4）智能生产运行指挥中心

创建智能化的生产运行指挥中心，将各类生产信息实时展示出来，利用知识库快速生成自动处理建议，发现异常情况自动发出预警，并根据模型对预警信息进行自动判断，如有必要可以自动执行一些操作。

（5）智能应急管理

在油田生产过程中，采取有效措施对突发事件进行处理是一项重要任务。智能化的应急管理系统可以借助辅助技术，对应急事件发生时的各类信息进行综合处理，对应急资源进行快速定位，自动制定应急解决方案，生成应急处理方案，并对相关资源进行组织与调配，对油气生产过程进行实时监控，以便在最短时间内解决突发事件，并做好事后总结，切实提高油田的应急管理能力。

（6）油气集输管网智能调峰

油气集输管网智能调峰的实现需要对油气管网进行实时监测与模拟，借助既定规则与专家系统对天然气井以及天然气管网的调节方案进行论证，并自动执行。

4.集输储运

在智慧油田环境下，集输储运想要实现智能化必须做到以下三点，如图 12-5 所示。

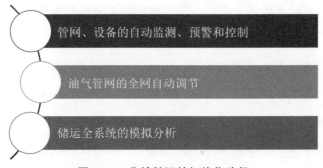

图 12-5　集输储运的智能化路径

（1）管网、设备的自动监测、预警和控制

智慧油田要对采油厂的集输管线和设备，用于油气储运的管线、阀门、泵和储库等设备进行自动监测，发现异常及时报警，并在最短的时间内对问题进行诊断，明确原因，为管理人员制定处置方案提供指导，实现指令的远程自动执行。

（2）油气管网的全网自动调节

智慧油田要对油气井，集油、集气管线，长输管线，配气站，供气管线的压力与流量进行全线监测与分析，促使油气生产、运输、供应等环节实现自动调节，达到智能平衡。

（3）储运全系统的模拟分析

智慧油田要将产源系统、管线系统、站库系统视作一个完整的系统进行模拟，如果系统运行出现异常，智能储运管理系统可以对运行情况进行模拟分析，对可能导致的结果进行预测，制定最佳的处理方案。决策者确定方案之后将相关指令发送到现场，以对阀门、仪器等现场设备进行有效管控。

5G 在智慧油田领域的应用

进入工业时代以来，全球石油资源的消耗量与日俱增，导致传统石油工业出现了很多问题。例如：石油品质下降；很多油田开采进入特高含水期，导致石油开采难度越来越大；石油开采设备老化，需要维修更换；石油运输管道腐蚀、堵塞等。在这些问题的影响下，我国石油工业的发展面临着很多困难。

为了解决上述问题，传统石油行业必须积极引入大数据、人工智能、自动化与信息技术、5G 等新一代信息技术打造智慧油田，尤其要借助快速发展的 5G，将自动化控制，信息收集、传输与处理，远程监视及控制，无线信息传输，大数据传输与处理等技术相结合，对油田开采过程进行智能化改造，提高油田开采效率，降低油田开采成本，为作业人员的安全提供更强有力的保障。

1. 远程监视及控制系统

油田开采过程隐藏着很多安全问题,包括浅层气井喷、地面沉陷等,而油田与监控中心的距离又比较远。为了对油田开采进行实时指导,生产企业必须建立远程监控系统,减少油田开采现场的人员数量,保证人员安全。一般来说,远程监控设备主要由以下几部分组成,分别是服务器、计算机、监控设备、监控软件等,并且需要 5G、GPRS 等通信技术提供辅助。

(1) 对作业人员的远程监控

石油地质勘探、石油开采工程建设、石油开采设备的运营与维护等工作都需要实际操作人员来完成。智慧油田将油田勘探、开采、运输、管理等各个环节的操作人员联系在一起形成关系网。在这个关系网中,监控平台占据着中心位置,涵盖了工程师、管理者、后勤保障人员、安全技术支持人员等关键人员,可以对操作人员的工作过程进行监控,为其提供科学指导。如果操作人员在工作过程中遇到难题,可以通过监控平台向工程师寻求帮助,获得解决方案,妥善解决问题。

(2) 对于采油设备的远程监控

采油设备要根据石油的位置安放,而且具有一定的危险性,所以要远离各类人员。智慧油田通过对采油设备安装监控系统和自动化控制系统,可以对设备的运行情况以及井口的生产数据进行实时监测。如果采油设备发生故障,远程监控系统可以及时发现故障并发出警报通知监控人员查明情况,如有必要可以远程停止设备运行,并将相关情况向工程人员汇报,由工程人员对监控系统传输的数据进行分析,找到故障发生原因,制定解决方案,尽快让设备恢复运行。

(3) 油田长停井远程监控

我国很多油田经过多年开采已经挖掘殆尽,还有一些油田因为开采技术达不到要求暂时无法挖掘,只能处于暂时停运状态,这些油田被称为长停井。为了防止长停井因地质运动内部压力发生改变而诱发事故,同时减少人工巡井的投入,生产企业可以对长停井进行远程监控,对井口的压力数据进行实时采集,将采集到的数据传输至监控中心,对长停井的运行状态进行实时监控,及时发现危险并采取有效措施予以应对。在地质活动以及人为活动的影响下,一些长停井可能又具备了开采价值,工程人员要对这类长停井进行实时监控,及时发现有利于开采的数据,以便再次开发。

2. 数据收集与处理系统

石油开采、运输、加工过程会受到很多数据的影响,例如地质数据会对石油开采造成影响,路网、交通和地形数据会对石油运输造成影响,石油成分、含量数据会对石油加工造成影响。同时,石油开采、运输、加工过程也会产生很多数据,这些数据可以对油田开发、石油开采设备的研发与改进、石油运输工艺的优化提供指导。

另外,管理人员可以将这些数据收集起来创建大数据收集系统对数据进行有序管理,然后利用智能数据处理系统对数据进行分析,创建数学模型,调取关键数据对石油开采、运输、加工全过程中的某些关键环节提供支持,将现场的实时数据、历史数据与设备运行、维修、检查情况相结合,对石油开采设备的检修、维修与改进提供指导。

3. 信息传输系统

生产企业可以利用 5G 无线网络建立信息传输系统,提高视频等数据的传输速度与效率,将数据与信息在最短的时间内传输至相关部门。油田领域的工程师与科研工作者可以通过对这些数据进行详细且具体的分析来获取关键信息,快速找出问题解决方案,提高工作效率,减小经济损失。另外,科研人员可以通过对这些数据进行优化利用研发新技术、新设备、新材料,推动石油行业实现进一步发展。

基于物联网的油田设备管理

在油田管理中,设备管理是一项重要内容。作为信息技术与工业发展相融合的产物,物联网技术在油田设备管理方面有广阔的应用空间。物联网的应用将颠覆传统的油田管理模式与体系,推动油田管理向着智能化的方向快速发展。在智慧油田背景下,油田设备管理智能化是必然趋势。

在数字化油田、智慧油田建设过程中,物联网发挥着重要作用。物联网在油田设备管理领域的应用要遵循"由静到动,由被动向主动转换"的理念,对油田设备管理系统进行智能化、信息化改造,提高油田设备使用效率,促使物联网在油田设备管理领域实现深入应用。具体来看,物联网在油田设备管理领域的应用主要表现在以下几个方面,如图 12-6 所示。

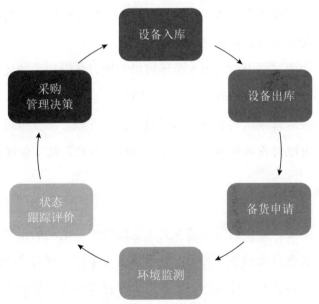

图 12-6 物联网在油田设备管理领域的应用场景

1. 设备入库

油田开采需要采购大批设备,当供货方将设备运抵油田后,油田需要对设备进行入库。具体来说就是工作人员手持可以读取 RFID 标签信息的读取器，读取设备上张贴的 RFID 标签，将设备信息录入油田设备管理库。设备管理系统会自动记录设备存放的仓库编号与具体位置，为工作人员寻找使用提供方便。设备入库之后，设备管理系统会将设备的入库信息传送到相关部门，方便相关人员对生产活动进行安排。物联网在设备入库领域的应用可以极大地节省人力物力，为设备使用与管理提供强有力的支持。

2. 设备出库

设备出库与设备入库相对，指的是相关人员将设备从仓库中提取出来正式使用时，需要利用读取器读取设备的 RFID 标签，将设备管理系统中设备的状态从"在库"更改为"使用中"，同时将使用人员的信息录入系统，以便后期落实设备管理责任。

在设备使用过程中，使用人员还可以利用设备管理系统提供的信息完善与补充功能对设备使用状态及施工进度等信息进行补充，以便对设备使用过程进行跟踪管理。物联网应用于设备出库管理，不仅可以明确设备责任人，而且可以对设备使用全过程进行精细化管理，切实保证设备安全。

3. 备货申请

当仓库中某种设备的数量减少到无法维持生产活动的正常开展时，设备管理系统就会自动识别这种情况并生成备货申请，提醒采购部门及时采购，以免因为设备断供导致油田的正常生产过程中断，使油田效益受到不良影响，这个过程就是自动备货申请。物联网在油田设备自动备货申请方面的应用使得设备的库存量清晰可见，相关信息更容易获取与处理，可以最大限度地保障油田的正常运转。

4. 环境监测

油田设备的运作对工作环境的要求比较高,而油田所在的环境比较复杂,经常发生变化,不是时时都能满足设备的正常运行需要。一旦设备的工作环境发生改变,不仅有可能影响设备的工作效率,还有可能影响油田的生产安全。物联网应用于设备工作环境监测,需要工作人员提前在设备上安装传感器,对设备所在环境的温度、湿度、压力等信息进行实时监测,判断当下的环境能否满足设备运行需求,同时采集设备的运行数据,对设备运行状况进行评价,发现设备运行异常时及时发出提醒,请相关人员做好设备维修与养护,为设备安全、稳定地运行提供强有力的保障。

5. 状态跟踪评价

物联网应用于设备状态跟踪评价,同样需要工作人员提前在设备上安装传感器,通过传感器发现设备故障,例如对抽油管柱进行在线无损探伤,及时更换磨损严重的零部件,在设备发生故障之前进行检修,保证设备安全运行。简单来说,在物联网的支持下,管理人员可以对设备运行状态进行远程诊断,及时发现问题并解决。

6. 采购管理决策

借助物联网,管理人员可以对现有设备的使用情况进行分析,对不同厂家提供的设备在本油田的使用情况进行对比分析,汇总出不同厂家提供的设备的故障率、保养频率、使用年限、后续支出等数据,为以后的设备采购提供指导。也就是说,物联网在设备采购决策领域的应用就是生成一个供应商资质分级表,帮助设备采购人员做出最佳决策。

随着物联网技术快速发展,该技术已经在油田设备管理领域实现了广泛应用，提高了设备管理效率，保障了设备运行安全，为数字化油田、智慧油田的打造奠定了良好的基础。同时，物联网的应用还有利于油田做好管理组织工作，促使各类资源实现优化配置，减少甚至避免资源浪费。需要注意的是，物联网技术在油田设备管理领域的应用要始终遵循以人为本的原则，最大程度上保证生产安全。

第13章
智慧石化：5G 开启全智能炼化模式

5G 工业互联网赋能"智慧石化"

随着新一代信息技术在工业领域全面渗透应用，工业互联网应运而生。作为实现产业数字化、网络化、智能化发展的重要基础设施，工业互联网可以支持人、机、物从多个维度建立链接，形成新的工业生产制造和服务体系，对工业经济的转型升级产生强有力的推动作用。

目前，全球已经开启了新一轮的产业竞争，工业互联网成为企业抢占制高点的关键。在此形势下，德国发布了"工业4.0"计划，美国提出了"工业互联网"的概念，我国也推出了"中国制造2025"战略，为工业互联网建设提供指导。在国家政策的支持下，我国开始摆脱工业大国、互联网大国的身份，向工业强国、互联网强国迈进，为工业互联网的发展开拓了广阔的空间。

工业互联网建设离不开5G的支持。因为工业互联网需要人、机、物、硬软件以及虚实的全面连接，不仅需要实时的通信系统的支持，还需要工业领域的所有网络实现无缝集成。5G 在工业制造领域的深入应用将对工业生产提供强有力的支持。在应用过程中，5G 将与工业生产领域既有的研发设计系统、生产控制系统及服务管理系统相结合，在研发设计、生产制造、管理服务等环节实现深度应用，推动这些环节发生深刻变革，推动工业制造向着智能化、数字化、服务化、高端化的方向转型发展。

总体来看，大多数工业企业以及工程项目现场管理对网络的要求主要体现为三类业务，第一类是信息交互类业务，对网络的要求主要是大带宽、高传输速率；第二类是数据采集类业务，对网络的要求主要是抗干扰能力强、功耗低、连接能力强大；第三类是管理控制类业务，对网络的要求是时延短，数据传输的成功率高。

目前工业领域常用的无线通信网络，无论 4G、Wi-Fi、工业专用无线网络还是传统的蜂窝网络，都存在通信距离短、抗干扰性差、安全性低、使用成本高、传统速度慢等问题。大带宽、低时延（网络传输时延低至毫秒）、传输可靠性接近 100% 的 5G 网络的出现与应用可以有效解决上述问题。除这些优点外，5G 网络还具有泛在感知、泛在连接、泛在智能等特点，与工业互联网相结合可以对工业现场的环境进行全面感知、识别潜在风险并提前发出预警、辅助工作人员做好质量管控，保证生产安全等，对大型石化工程的项目管理提供强有力的支持。

具体来看，基于 5G 的工业互联网应用于石化企业的大型工程项目管理，可以解决的问题有很多，包括对员工行为进行有效识别，辅助工作人员做好生产安全管控与生产质量管控，对生产环境风险做出精准感知，提前识别风险并发出预警，对隐蔽工程进行追溯等，应用价值巨大，应用前景广阔。

例如，石化企业可以利用 5G 网络对工程现场进行标准化管理，开展多方视频会商，实现多路视频同步回传，促使业主方、设计方、监理方、施工方等主体开展高效的信息交互。在 5G 网络环境下，借助信息系统应用平台、可穿戴式智能设备、二维码标签等工具，业主、工程监理方、施工方可以围绕工程质量标准、生产工艺等问题开展实时沟通与交流，还可以将这些信息记录下来以供查询。另外，生产过程产生的所有资料都能够保存下来，并一键生成验收文档，切实提高工程质量标准化管理水平以及工程作业效率。

除了大带宽之外，5G 网络还可以实现海量连接，将施工现场的环境监测设备连接在一起，集中采集设备产生的数据，对施工环境进行实时监测，对施工数据进行实时采集与快速分析，发现问题及时发出预警。这样一来，施工人员就可以及时感知环境风险，采取有效措施进行应对，切实保证生产现场的安全。

随着 5G 与工业互联网深度融合，石化企业与机构在该领域不断探索创新，将创造出更多应用场景，释放更多价值。在未来的发展中，5G 工业互联网将与石化行业深度融合，在降低企业运营成本、提高生产效率、推动企业转型升级方面产生积极的促进作用。

"5G+ 智慧石化" 的建设路径

5G 与工业互联网的融合是以 5G 为基础，在工业基地建设无线通信网络，对工业基地进行远程控制与管理，利用 5G 网络切片技术保证通信质量与安全，利用边缘计算降低网络传输时延，实现本地分流，为数据安全提供强有力的保障。根据石化工程项目管理要求，"5G+ 智慧石化"建设要做好以下几个方面，如图 13-1 所示。

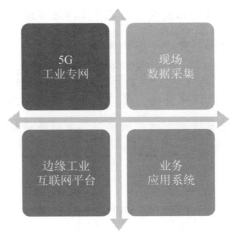

图 13-1 "5G+ 智慧石化"的建设路径

1. 5G 工业专网

5G 工业专网包括两大部分，一是 5G 基站，二是 5G 边缘云。5G 工业专网建设要根据工业现场具体的业务要求，包括现场覆盖要求、接入终端数量、单点上下行带宽和时延要求，以及现场的无线网络规划，最终形成网络建设计划。

企业要根据客户的业务需求以及投资预算组织 5G 边缘云建设，这个单元可以根据用户的具体服务要求在工程项目施工现场、企业 IDC （Internet Data Center，互联网数据中心）机房、工业园区 IDC 机房、运营商机房等位置灵活部署。大型企业可以直接购买边缘云设备，部署在自己的 IDC 机房，在本地对业务进行分流，防止数据流出企业，切实保证数据安全。

2. 现场数据采集

数据在工业互联网中占据着核心地位，因此，对于"5G+ 智慧石化"建设来说，数据采集是重要基础，其本质是利用泛在感知技术实时高效地采集多源设备、异构系统、运营环境等数据,促使这些数据在云端汇聚。在光纤、以太网以及2G/3G/4G/5G等通信协议的支持下,各种工业设备可以接入工业现场。但这些设备的生产厂家不同,用途不同,使用的通信协议也不同,再加上业内没有统一的标准,给设备接入造成了很大的困难。

对于工业大数据的应用来说,数据格式的转换与统一是基础,也是关键。5G边缘网关设备可以收集不同类型的工业数据,进行协议转换,统一数据格式,并通过可靠的网络将数据上传,实现工业基地一网覆盖,无缝集成。

3. 边缘工业互联网平台

工业互联网平台是面向制造业数字化、网络化和智能化需求,以数据采集、整合、分析为基础构建服务体系,促使各类制造资源实现泛在连接与弹性供给,最终提高资源配置效率。从本质上看,工业互联网是通过构建高效、实时、精准的数据采集体系,面向工业大数据的存储、集成、访问、分析与管理创建开发环境,对工业技术、知识与经验进行模块化、软件化包装,统一标准,提高复用率,并不断提高研发设计、生产制造、运营管理等环节的资源配置效率,创建一个资源丰富,可以实现多方参与、合作共赢、协同演进的制造业新生态。

4. 业务应用系统

业务应用系统的开发与建设需要以行业特点为依据,与业务管控流程、制度、方法和要求相结合,实现集成应用。以5G为依托的石化工程质量管理系统主要由三个模块构成,分别是质量体系模块、现场作业模块和环境监测模块。其中,质量体系模块涵盖了质量标准体系、标准检索查询、资质管理、资格认证等功能;现场作业模块涵盖了质量控制点、工艺过程管理、焊接管理、质量检查和考核、质量信息公示、多方会商等功能；环境监测模块涵盖了环境在线监测、危险源监测、风险规避预案、风险预警等功能。

业务应用系统的这些功能完全可以满足石化行业工程现场质量标准化管理要求。在 4G 或者 5G 网络环境下，该系统借助 5G 边缘云、无线终端设备以及各种智能可穿戴终端，可以对石化现场的作业流程、作业人员、作业环境进行实时感知与监控，解决石化行业脱离指导文件组织施工、施工过程无法有效监管、质量标准化管理流于形式等问题，切实提高石化行业工程质量标准化管理水平。

从数字炼化走向智慧炼化

对于石油企业来说，石油炼化是一个很重要的利润增长点，是提升竞争力的关键。近年来，随着新能源、新技术相继出现，再加上地缘政治、资源以及气候变化的影响，炼化工业的发展迎来了一些机遇，也面临着一些挑战。5G、物联网等新技术在石化行业的应用不仅影响了整个石化行业的发展格局，也对用户的消费行为产生了重要影响，在很大程度上加剧了市场竞争，导致炼化行业呈现出新的发展趋势。

未来，石油炼化企业不仅要强化炼化一体化，推动石油炼化向着大型化、规模化的方向发展，实现资源与能源的多元化，而且要积极引入各种先进技术，提高石油炼化能力，创新产品销售模式。这里所说的先进技术包括云计算、大数据、物联网、移动应用、社交媒体等，这些技术的应用可以改变炼化行业的业务模式，推动炼化企业实现数字化转型。目前，对于石化行业来说，推动炼厂实现数字化、智能化转型，对生产、经营、管理等环节进行优化，提高炼厂的工作效率与工作效益是重中之重。

数字化工厂是仿照现实世界的工厂在虚拟的网络空间创建的虚拟工厂，这个虚拟工厂可以全部或者部分模拟真实的工厂，反映工厂运行情况，对工厂运行结果进行预测。智慧炼化是在数字化工厂的基础上，利用物联网技术与设备监控技术加强信息管理与服务，掌控产品生产与销售的全过程，对石油炼化过程进行有效把控，尽量减少生产过程中的人力投入，做好数据采集，合理编制生产计划、调控生产进度。简言之，智能炼化就是利用各种先进技术与智能系统实现人机交互，打造一个可以实现高效生产、绿色生产的人性化工厂。

总而言之，从数字炼化到智能炼化，就是利用大数据、人工智能、物联网等技术，从石油化工的全产业链切入，对人、流程、技术进行整合，对产业链下游的各类资源进行优化配置，对设备、能源、销售、生产等环节进行全生命周期管理，打通生产、供给、储藏、运输、销售各个环节，对整个价值链进行优化。

智慧炼化是数字炼化和智能炼化发展到更高层级的产物，其目标是促使炼化企业的产业链价值实现最大化，三者的目标、核心、应用如表13-1所示。

表13-1 智慧炼化建设思路

项目	目标	核心	应用
智慧炼化	实现炼化和销售业务一体化，整体优化	炼化与销售业务一体化及协同管控	智慧供应链、价值链优化
智能炼化	实现"安稳长满优"，降本增效	生产运营知识化、最优化	智能生产管控、智能设备运维、智能物流、智能加油站
数字炼化	实现可视化、提高工作效率	生产运营信息化、自动化	数字化员工、数字化资产、数字化操作

（1）数字炼化是基础

数字炼化首先要对人、设备、操作运营环节进行数字化改造，打造自动化生产流程，让管理环节实现信息化。数字炼化可以提高炼化工厂生产、运营的可视化程度，提高生产系统与销售系统的管理质量与效率。

（2）智能炼化是核心

智能炼化是数字炼化的核心，可以实现生产运营知识化、最优化。智能炼化的实现需要企业打造诸多模型，包括生产系统计划优化与调度优化模型、生产操作优化模型、设备预测性分析模型、仓储物流优化模型、客户聚类分析模型等，这些模型的创建需要借助分子工程技术，通过对工业大数据以及销售大数据的分析来实现。

通过对各类模型进行优化，智能炼厂可以对生产计划、调度、操作等环节进行优化控制，对设备全生命周期进行管理，并开展预测性维护，对工厂用能系统进行优化，将销售环节与物流环节整合到一起，做好智能加油站建设。

（3）智慧炼化是目标

炼化企业最终要实现全价值优化，为此要创建一个智慧供应链，提高从市场销售到原油采购全产业链各个环节的可视化程度，促使这些环节实现协同优化，尽可能放大整个价值链的价值。炼化企业的生产与销售要立足于各个环节的成本优化，包括对生产环节的可变成本进行管理，对库存进行优化，实现销售价值最大化等。

智慧炼化关键信息系统与应用

综上所述，智慧炼化要立足于数字炼化，围绕炼厂的智能化建设，以智慧化建设为目标，充分发挥现有的信息系统的作用，对各种信息资源进行整合，充分挖掘各类信息资源的价值，在各种信息技术的支持下全面提高炼化企业的竞争力。具体来看，智慧炼化的实现涉及很多环节，包括工程、科研、原油采购与运输、炼化生产、仓储物流、销售等。

智慧炼化伴随着企业信息化建设的全过程，在这个过程中，企业要利用现有的信息系统整合资源，对资源进行统一规划与配置。下面我们对智慧炼化领域关键信息系统的建设与应用进行具体分析。

1. 原油分子信息库

石油分子工程是立足于分子角度，对石油的组成、性能、结构与反应性能之间的关系进行研究，为炼化管理提供支持，最大限度地提高分子利用效率与效益。分子管理是利用石油分子工程让分子在合适的时间进入合适的位置，并对炼化成本进行有效控制，最终实现炼化管理的优化。

石油分子工程与管理离不开原油分子信息库的支持。原油分子信息库的创建需要借助X射线方法、光谱法、色谱法、核磁共振法等方法，对原油组成要素、单体烃、烃族组成及结构族组成等信息进行测定，对这些信息的表征进行分析，采用特定的分类方法与结构导向向量法等信息化编码方法，参照相应分子的物理学和热力学参数来实现。

2. 智慧供应链

智慧供应链建设强调全局观、整体观，要遵循整体协调与全局优化的理念，对原油采购、运输、炼厂生产、产品销售等过程进行优化，在生产、供给、销售、存储等环节建立集成的信息系统支持环境与工具。

具体来看，智慧供应链涵盖了四大功能模块，分别是产供销存大数据平台、产供销存协同调度、产供销存一体化优化、产供销存指标可视化，如图13-2所示。

- 产供销存大数据平台：该模块的主要功能是采集生产、供给、销售、存储等过程产生的数据，对数据进行精细化处理，与外部市场、加油站、批发直销、炼厂生产数据相结合，建立产供销存一体化大数据分析模型，为供应链关键环节的优化提供强有力的支持。

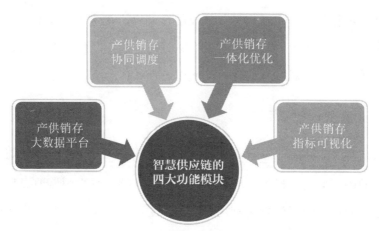

图 13-2 智慧供应链的四大功能模块

- 产供销存协同调度：该模块的主要功能是对生产、供给、销售、存储环节进行动态管理，对销售运营过程进行跟踪，对生产环节与销售环节进行统一管理，打通供应链的各个环节，促使各环节实现高效协同。

- 产供销存一体化优化：该模块的主要功能是对各区域市场的客户需求与产品销售情况进行预测，对产品生产与销售情况的变化进行分析，对销售计划、生产计划、关键运输环节进行持续优化，并借助船期管理系统开展原油船期管理，促使油轮运输、接卸、原油加工等环节实现紧密协同。

- 产供销存指标可视化：该模块的主要功能是对生产、供给、销售、存储四大环节的关键指标进行具体分析与深度挖掘，对这四个环节可能存在的风险进行识别与预警。

3. 生产运营共享中心

生产运营共享中心的主要功能是创建一个协同的工作环境，对炼化生产与管理、环节优化需要的各类资源进行整合，为数据分析与决策提供多元化的工具与方法,协调各专业之间的关系,增进各专业之间的合作,提高生产管理效率,降低生产管理成本。生产运营共享中心有四大功能,具体如图13-3所示。

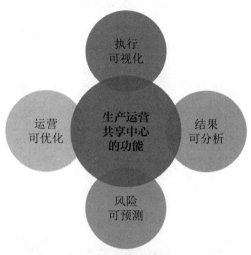

图13-3　生产运营共享中心的四大功能

- 执行可视化:及时获取生产执行过程产生的各类数据,包括原油进厂数据、产品产量、产品库存、装置运行情况、设备运行情况、能耗情况、安全环保情况、市场动态等信息,提高生产执行过程的透明度,切实保证生产安全。

- 结果可分析:以高度可视化的方式将企业的运营情况全面展示出来,对各类指标进行下钻分析与对标分析。

- 风险可预测:及时掌握各类设备的运行情况,包括设备开机时间、停机时间、检修情况、库存情况。如果设备在生产过程中突发故障,要及时对相关信息进行分析总结,为突发事件的处理提供科学依据。

- 运营可优化:对采购、销售系统进行集成化处理,提高供应链的透明度,为供应链的整体优化提供强有力的支持。

4. 设备运行性能优化系统

炼化企业设备资产管理的主要目标是保证设备的可靠性与可用性，防止设备出现非计划停机进而给企业造成损失。目前，对于炼化企业来说，如何对关键设备的运行状态进行有效监控，开展预测性维护仍是关键问题。

借助设备运行性能优化系统，炼化企业可以对设备资产进行智能化管理。具体来看，设备运行性能优化系统具有以下五大功能，如图13-4所示。

图 13-4　设备运行性能优化系统的主要功能

- 设备综合监测功能：该功能可以对点巡检系统、大机组在线监控系统等底层系统的数据进行采集。
- 设备资产基础数据管理功能：采集与设备资产性能管理相关的基础数据并进行管理，为设备故障分析、维修策略优化提供科学依据，包括重新定义设备维修风险，对设备进行分级管理等。
- 故障分析功能：以大数据库为依托，以大数据分析为工具，在关键机组发生故障时快速、精准地确定故障发生位置，对关键机组的生命周期进行预测，对故障发生成本进行计算，对设备进行可靠性分析、备件优化分析等。

- 设备资产维修策略制定功能：对设备性能与成本进行科学分析，对二者之间的关系进行优化，找到一个平衡点，并根据预测数据与设备历史维修方案制定设备维修策略，避免设备维护不及时或者过度维护的情况发生。具体来看，该功能包括维修策略优化、制定、审批、实施等。

- 策略评价功能：根据设备故障风险评价制定关键KPI指标，对生产损失进行分析、对设备故障原因进行分析。

通过设备性能优化可以对设备的运行状态及健康状态进行全方位分析，还可以以专家知识库为依托，通过大数据分析明确关键机组的故障发生位置，对关键机组的生命周期进行预测，制定最佳的维修方案，提高设备管理水平，延长设备的使用寿命。

5. 用能系统管理与优化

随着能源价格不断上涨，能源行业的国际竞争愈演愈烈，环保政策愈发严苛，能耗较大的炼化工业面临着巨大的挑战。在这种情况下，国内外的炼化企业都在寻求解决方案，对能源管理方法进行创新，提高能源利用效率。具体来看，用能系统管理与优化目标如下。

- 对能源计划、运行、统计分析、评价、优化全过程进行管理。
- 对企业用能设备与公用工程系统产生的数据进行实时采集，对用能效率、用能成本进行分析，保证能量平衡。
- 面向炼化厂的蒸汽、燃料和动力系统建立优化模型，对能源生产、运输、转化、储存、销售全过程进行优化管理。

- 实现能源计划管理、能源统计分析、能源管网平衡、能源运行与监控、用能分析与优化、数据收集等功能。

6. 智慧加油站

在成品油销售的整个流程中,加油站占据着核心位置,是实现利润最大化的重要途径。目前,对于加油站来说,提高加油站空间的利用率,让客户享受到方便快捷、附加值更高的服务是当务之急。

智慧加油站指的是以满足顾客需求为目的,利用先进技术对加油站运营过程进行监测,对运行过程中产生的各类数据进行收集与处理,包括利用大数据技术对数据进行过滤、清洗、整理和挖掘,对客户需求做出及时响应,对油品、非油品、设备、销售渠道、营销、环保等环节的决策提供支持。从本质上看,智慧加油站就是立足于顾客需求,推动加油站的管理与服务实现智慧化升级,提高加油站的运营效率与效益,让客户享受到更优质的服务。

海南炼化乙烯项目的智能化实践

5G在石化工程项目领域的应用,可以以5G网络为依托,借助边缘工业互联网平台,对施工现场的数据进行实时采集,并利用边缘云部署的模型与算法对数据进行处理,提高施工现场作业全过程的可视化程度,对施工风险进行预警,对工程管理全过程进行记录,切实保证石化工程项目管理安全,提高施工质量,预防违规施工现象发生。石化企业的业务场景不同,网络连接需求也不同,具体如表13-2所示。下面以海南炼化乙烯项目为例对石化行业的智能化进行分析。

表 13-2 石化行业不同业务场景的网络连接需求

序号	业务	场景或需求	速率	时延	移动性	可靠性
1	远程操作控制	管线、罐区	<1Mbit/s	≤50ms	定点	99.999%
2	多元数据采集	管线、罐区	<2Mbit/s	≤100ms	定点	99.999%
3	视频监控	管线、罐区	5Mbit/s	≤20ms	定点	99.900%
4	智能巡检		<50Mbit/s	≤20ms	低速	99.900%
5	视频对讲	作业服务	<10Mbit/s	≤15ms	低速	99.900%
6	AR检修	设备检修	≥20Mbit/s	≤15ms	低速	99.900%
7	VR培训	操作培训	≥60Mbit/s	≤20ms	低速	99.900%
8	远程视频会议	室内、现场、车载等会议	<20Mbit/s	≤20ms	低、中速	99.900%
9	人员/出勤监控	工作人员定位/打卡/意外报警	50Kbit/s	≤1s	低速	99.900%
10	电器智能化	路灯、空调、照明、热水器	50Kbit/s	≤500ms	定点	99.900%
11	用电需求响应	可控、可停大功率负荷设备	50Kbit/s	≤50ms	定点	99.999%
12	供电监控	保护、远控、数据采集	200Kbit/s	≤50ms	定点	99.999%
13	环境数据采集	温度、湿度	10Kbit/s	≤1s	定点	99.900%
14	移动机械/车辆	辅助/自动驾驶、作业	10Mbit/s	≤10ms	中速	99.999%
15	厂区物联网	车位、环境、自动停车场	10Kbit/s	1~60s	定点	99.900%

海南省和中国石化联手推出一个总投资281亿元的海南炼化百万吨乙烯项目，该项目的成功落地对于海南省打造千亿产业集群、中国石化构建

"一基两翼三新"❶发展格局意义非凡。

海南炼化百万吨乙烯项目从开始就秉持信息化、智能化建设理念,积极利用 5G、物联网、云计算、大数据、人工智能等新一代信息技术,先建设了覆盖整个工业园区的 5G 专网,然后通过自主研发打造了 5G 工业制造企业边缘云,并从质量、进度、安全三个维度切入规划了很多融合创新应用,可以对工程现场、管道施工进行智慧化管控,对施工进度进行智能分析,打造一个智慧化的生产装置现场,实现智慧化服务。总而言之,通过对 5G 与边缘计算、网络切片、物联网、云计算、大数据、人工智能等技术的综合应用,海南炼化乙烯项目在智慧化领域实现了多项创新,具体分析如下。

1. 强夯智能监测应用

海南炼化乙烯项目对 5G、激光雷达、红外报警、人工智能等技术进行综合应用,对强夯机的作业范围进行管控,如果发现有人闯入,红外报警器会立即发出警报,提醒闯入人员及强夯司机注意,并将报警信息自动记录下来。同时,该系统还会将夯击次数、夯沉量、累积夯沉量等数据记录下来,自动生成格式化报表,方便管理人员查看,对夯击过程进行管理与追溯。在该系统的帮助下,强夯环节需要的工作人员数量可以减少一半以上,并且可以让强夯过程实现全程监控,切实保证作业安全。

2. 无损检测智能评定应用

海南炼化乙烯项目在边缘云部署了可以自动读取胶片并进行智能评片的算法软件,工作人员只要将施工现场检测设备拍摄的高清数字成像 X

---

❶ "一基"就是夯实公司油气资源基础,有效提升油气储量和一次能源生产能力。
　"两翼"就是做强做优炼油产业链和化工业务,巩固行业竞争优势。
　"三新"就是顺应世界能源变革大势、产业发展大势,在新能源、新经济、新领域上发力,拓展高质量增长空间。

光片上传到边缘云，就可以对光片进行快速智能评定，从而降低无损检测的工作量以及所需的人员数量，提高检测效率，降低检测成本，解决人为操作误差不可控的问题。

3. 人员合规监测应用

海南炼化乙烯项目对所有进入施工现场的人员进行实名制管理。上岗之前，项目部会组织施工人员进行培训，考核合格之后指导施工人员下载并安装项目"建设管理系统"App，安装好之后每位施工人员会获得一个编号和一个二维码，App会将施工人员的姓名、性别、年龄等基本信息以及照片、工种、作业资格、编号、二维码等信息记录下来。管理人员指导施工人员将编号和二维码打印出来贴在自己的安全帽上，同时采集施工人员的指纹信息与人脸信息，让施工人员凭人脸识别入场，从根本上杜绝了无证入场、冒用证件等事件发生。另外，App可以与公安联网，共享人员信息，还可以将施工现场的人员信息，包括岗位、工种、数量、人员工时等传输至控制中心，通过工地入口的大屏幕实时显示出来。

4. 施工进度智能分析应用

海南炼化乙烯项目会利用无人机对施工现场进行航拍，对施工现场的设备、管道安装情况进行扫描，并将其与提前设计的三维模型进行对比，对施工进度进行科学管控。如果工程施工进度或过程与预期不一致，无人机巡检系统会自动发出报警，并利用扫描获得的信息对之前设计的三维模型进行修正，为数字化工厂建设提供充足的数据支持。另外，借助5G网络，管理人员可以对施工现场的监控视频进行实时分析，发现问题及时发出预警，解决4G网络环境下无人机巡航时间长，无法对数据进行实时分析的问题。

5. 实现办公楼全面无线办公

海南炼化乙烯项目办公室的电脑、电话全部通过 5G 无线网络连接在一起。随着项目不断推进，未来将继续探索 5G+ 无人 AGV（Automated Guided Vehicle，自动导引运输车）、5G 网联电力线巡检、5G 三维 AR 巡检等应用。

第 14 章
智慧储能：智能电网建设的关键技术

储能：智能电网关键技术

随着煤炭、石油等传统能源短缺问题日益严峻，传统能源使用带来的环境污染问题日渐严重，新能源开发与使用成为能源行业的主流话题。新能源的一个主要应用场景就是发电，新能源发电与传统化石能源发电不同。传统化石能源发电一般是按需发电，电力输送与调配可以按计划进行，而以风能、太阳能等自然能源为基础的新能源发电具有波动性和间歇性的特点，无法有计划地进行电力调节，而且电力的大规模并网可能会对电网运行的稳定性造成不良影响，这就为储能技术以及储能产业的发展带来良好的机遇。

未来，能效、可再生能源、储能与可插入电动汽车有可能成为能源行业发展的重点。作为新能源经济的实施者，智能电网被寄予厚望，被视为优化能源结构、支撑未来能源行业发展的重要基础。近年来，随着新能源发电站的规模不断扩大，新能源汽车的产销量迅速提升，智能电网建设进入加速阶段，与之相关的储能技术与储能设备受到了广泛关注。

具体来看，储能技术在智能电网建设中的作用主要表现在以下几个方面。

1. 大幅提高电网有效利用可再生能源的能力

根据国家能源局发布的数据，截至 2021 年底，我国风电和光伏发电新增装机规模 1.01 亿千瓦，其中风电新增 4757 万千瓦，光伏发电新增 5297 万千瓦。海上风电实现了快速发展，全年新增装机 1690 万千瓦，是此前累计建成总规模的 1.8 倍，目前累计装机规模达到 2638 万千瓦，跃居世界第一。虽然我国风电装机规模比欧美国家高很多，但从风电在总电力需求中的占比来看，我国不仅落后于欧美国家，甚至还达不到全球平均水平。

导致这一问题发生的主要原因就是风力发电、太阳能光伏发电的波动性较大，无法大规模接入电网，给电网调峰、运行控制带来了较大的挑战。储能技术的应用可以提高电网对这些清洁电能的接纳能力，在保证电网运行安全、稳定的前提下，让风电、光伏电等清洁电能实现大规模并网。

2. 有利于节能减排，实现用户侧调节电力需求

电动汽车的快速发展催生了一个大规模的动力储能电池市场，并对电动汽车与广泛分布的充电站之间的双向电力交互（V2G，Vehicle to Grid，车辆到电网）技术的发展产生了积极的推动作用。

在电动汽车与充电站的双向电力交互中，电动汽车的储能电池发挥着重要作用。储能电池一方面可以从充电站吸收、存储电能，另一方面可以为电网提供巨大的储能能力。在理想状态下，V2G 平台可以在非高峰时段充电，在高峰时段放电，对电网的峰谷负荷进行调节，改善电能质量，提高电网运行的稳定性。

3. 有利于优化系统的能量管理，提高系统效率和设备利用率

电力系统的负荷一直处在波动状态，呈现出白天高峰、深夜低谷的特

点，负荷峰谷差能够达到最大电力输出的 30% ～ 40%，而且呈现不断增长的趋势。峰谷差越大，电力调度越困难。目前，在夏季用电高峰期，我国很多城市都会出现电力供应紧张问题。

如果电力系统可以利用储能技术与储能装备在晚间用电低谷期将电能存储起来，在白天用电高峰期将电能释放出来，就可以在一定程度上减小负荷峰谷差，缓解白天电力紧缺问题，提高输配电设备的利用率以及整个电网系统的运行效率。

4. 有利于增加系统备用容量，提高电网运行的稳定性和电能质量

如果电力系统出现短暂的电压下降、短路、电压波动、短时中断等事故，储能装置可以瞬间吸收能量或者释放能量，留出一定的时间让系统内的调节装置发挥作用，维持电力系统运行的稳定性，保证供电质量。如果电力系统发生故障导致长时间停电，储能装置可以作为大型电源持续供电，尽量减少停电造成的损失，提高综合经济效益。

储能技术的应用将贯穿发电、输电、配电、用电各个环节，可以缓解电网在用电高峰期的供电压力，提高电网系统现有设备的利用率以及电网的运行效率，应对电网故障，提高电能质量与用电效率，满足经济社会发展的要求。储能系统的规模化应用还可以减少电网建设，提高电网的整体利用率，推动电力系统的建设模式从外延扩张型向内涵增效型转变。

机械储能的工作原理与特点

储能系统可以分为五种类型，分别是机械储能、电化学储能、电气储能、热储能和化学储能。下面我们先对机械储能进行具体分析。

1. 抽水蓄能

抽水蓄能指的是由上水库、下水库和输水及发电系统组成一个电站，上水库与下水库之间要存在一定的落差。在用电需求较小，电力负荷处于低谷时将下水库的水抽到上水库；在用电需求增大，电力负荷处于高峰时，将上水库的水释放到下水库，利用水的势能推动水轮机发电机发电。

目前，抽水蓄能技术已经发展得比较成熟，设备的生命周期能够达到三四十年，功率较大，而且能够实现大规模储能。但由于水库的容积有限，所以抽水蓄能设备的功率大多为 $100 \sim 2000MW$。抽水蓄能技术的缺点在于受地理条件影响比较大，因为上下水库必须有一定的落差，而且地质条件必须适合建造水库。

2. 压缩空气储能

压缩空气储能系统是以燃气轮机技术为基础发展起来的一种能源存储系统，当用电需求处于低谷时，压缩空气储能系统就会利用剩余电量驱动空气压缩机，将能量以高压空气的形式存储起来；当用电需求处于高峰时，压缩空气储能系统就会将高压空气释放出来，驱动发电机发电。

近年来，很多机构都在研究压缩空气储能系统，取得了不错的成果。如果以压缩空气储能系统的热源和应用规模为标准，压缩空气储能系统可以分为两种类型，一种是使用天然气和利用地下洞穴的大型压缩空气储能电站，单机规模超过 100MW 级；另一种是不使用天然气和利用地下洞穴的大型压缩空气储能电站，单机规模不足 100MW 级。

如果按照压缩空气储能系统与其他热力循环系统的耦合关系，压缩空气储能系统可以分为四种类型，一是压缩空气储能—燃气轮机耦合系统，二是压缩空气储能—燃气蒸汽联合循环耦合系统，三是压缩空气储能—内燃机耦合系统，四是压缩空气储能—制冷循环耦合系统等。

目前，使用天然气并利用地下洞穴的压缩空气储能技术发展得最为成熟，效率能够达到70%，但这种技术对地理环境要求较高，需要有地下洞穴，而且对化石燃料的依赖性较强。其余几种压缩空气储能技术还处在研究阶段，储能效率和能量密度都比较低，压缩机、膨胀机、储气设备、储热装置等关键技术有待突破。

3. 飞轮储能

飞轮储能指的是将电能转换成飞轮的动能存储起来。在用电低峰期，电动机拖动飞轮，让飞轮的转速达到一定程度，将电能转化为动能，从而将能量存储起来；在用电高峰期，飞轮减速，将动能转化为电能，实现能量释放。

飞轮储能的优点在于功率密度高、能量转换效率高、设备使用寿命长、对环境要求不高，而且不会造成严重的环境污染；缺点在于储能能量密度低、自放电率比较高。目前，中小容量的飞轮储能系统已经实现了大规模应用，大容量的飞轮储能系统也已经进入工业领域试应用，未来有可能实现大规模应用。

电化学储能的工作原理与特点

电化学储能是通过化学反应促使化学能与电能相互转换来存储能量的技术。在能量转换的过程中，电池扮演着非常重要的角色。目前，市面上的电池类型有很多，虽然这些电池都是由正极、负极、隔膜和电解质组成，但不同的电池，其内部材料体系与电化学反应的机理存在较大差异。电池中的正极指的是电势较高的一级，负极指的是电势较低的一级。在充电过程中，在氧化作用下，电池正极的活性材料失去电子，同时在电场的作用下，阳离子通过电解质反应向负极移动，失去的电子通过外电路流向负极，与负极的活性材料相结合，发生还原反应，完成充电。放电过程与这个过程正好相反。

电化学储能是电能存储的一种方式，可以根据应用需要对存储功率与能量进行灵活配置。电化学储能的优点是不受地理环境的限制，可以对用电需求做出快速响应，应用范围广，而且可以实现批量化生产；缺点是电池的使用寿命短、成本高。电化学储能技术想要实现进一步发展，必须解决这两个关键问题。

不同类型的电池有不同的特点，可以满足大规模储能应用的多元化需求。在不同类型的储能电池中，锂离子电池、钠硫电池、全钒液流电池、钠/氯化镍电池、铅酸电池、镍氢电池、锂硫电池、锂空气电池是主要研究对象，下面对比较常用的三类电池进行具体分析。

1. 钠硫电池

钠硫电池将钠作为正极、硫作为负极，β氧化铝陶瓷发挥隔膜和电解质的作用。目前，单体钠硫电池的最大容量能够达到650Ah，功率超过120W，可以以组合的方式进行储能。在国外，钠硫电池的研发与应用已经比较成熟，使用寿命能够达到10～15年。

2. 液流电池与全钒液流电池

液流电池是一种大型的电化学储能装置，被称为氧化还原液流电池，包括溴化锌（$ZnBr_2$）、氯化锌（$ZnCl_2$）、多硫化钠溴（PSB）和全钒液流电池等多种类型。目前，在液流电池领域，全钒液流电池是最常用的一种电池，在100%荷电状态下电池的开路电压能够达到1.5 V。

3. 锂离子电池

锂离子电池的正极是锂的活性化合物，负极是碳材料。锂离子电池的充放电过程是通过在正负极材料中嵌入和脱嵌完成的。据研究，锂电池使用磷酸铁锂作为正极材料的成本最低，是目前锂离子电池的主要研究方向。

由于大部分电动汽车使用的电池是锂离子电池，所以随着电动汽车产业快速发展，锂离子电池的制造材料与制造工艺也取得了很大的进展，为锂离子电池的大规模应用奠定了良好的基础。除此之外，为了满足电动汽车的需要，有研发机构开发出锂硫电池和锂空气电池。未来，这两类电池有可能在大规模储能领域实现广泛应用。

4. 氢储能

氢储能本质是利用电化学反应储能，即通过电化学反应将电氢转化进而储氢而非储电的方式来储存能量。在容量规模大、储存时间长和空间占地小等多方面上具有突出优势，将会在新型智能电力系统建设中发挥重要作用。狭义的氢储能是基于"电—氢—电"（Power-to-Power，P2P）的转换过程，主要包含电解槽、储氢罐和燃料电池等装置。利用低谷期富余的新能源电能进行电解水制氢，储存起来或供下游产业使用；在用电高峰期时，储存起来的氢能可利用燃料电池进行发电并入公共电网。广义的氢储能强调"电—氢"单向转换，以气态、液态或固态等形式存储氢气（Power-to-Gas，P2G），或者转化为甲醇和氨气等化学衍生物（Power-to-X，P2X）进行更安全的储存。

新型智能电力系统的几个重要变化

从发电侧形态上看，由于以风、光等为代表的新能源发电占比日益升高，电力系统从连续可控电源变为随机波动电源。电网接收消纳新能源的能力很大程度上取决于其调峰能力。随着新能源的大规模渗透应用及产业用电结构的变化，电网峰谷差将不断扩大，储能需求也同步增加。

从电网侧形态上看，将从单一大电网演变为大电网与微电网互补并存。特征变化方面，从刚性电网变为灵活韧性电网、电网数字化水平从低到高。大容量的氢储能可充当"虚拟输电线路"，安装在输配电系统阻塞段的潮流下游，电能被存储在没有输配电阻塞的区段，在电力需求高峰时氢储能系统释放电能，从而减少输配电系统阻塞的情况。

从用户侧形态来看，将从电力消费者转变为电力"产消者"。特征变化方面，从静态负荷资源转变为动态可调负荷资源、从单向电能供给变为双向电能互济、终端电能替代比例从低到高。

从电能平衡方式上看，将由"源随荷动"转变为"源荷互动"。特征变化方面，从自上而下调度模式变为全网协同的调度模式、从实时平衡模式变为非完全实时平衡模式。

结束语

本书写作之时，中国正处在提出"双碳"目标的第一个五年，绿色能源革命的序幕刚刚拉开。我们坚信从现在到 2030 乃至 2060 年，将是一个科技快速发展并驱动绿色能源革命的波澜壮阔的几十年。本书从"双碳"目标、新能源革命、智慧能源、数智化实践四个层面切入，探讨了我国实现碳中和可能的路径，CCUS 技术的发展与应用，能源战略转型的原则与要求，提高新能源在能源结构中的占比、大力发展氢能源的具体方案，基于 5G 技术的能源互联网以及基于区块链的能源交易市场建设等问题，对智慧能源建设的细分场景进行深度剖析，希望能够为读者呈现未来能源的"智慧图景"，激发更多人投身到绿色能源革命的大潮中来。